# Das große Buch vom Olivenöl

Aus dem Französischen übertragen von Dr. Angela Kuhk
Redaktion und Herstellung: Annika Preyhs, Berlin
Korrektur: Petra Tröger
Umschlaggestaltung: Horst Bätz


**www.christian-verlag.de**

Die Originalausgabe mit dem Titel *L'huile d'olive: Saveur d'excellence en Méditerranée*
wurde erstmals 2004 im Verlag Aubanel (Minerva) veröffentlicht.


Text: Sylvie Tardrew
Die Essays wurden unter der Mitarbeit von Elvira Masson geschrieben.
Fotos: Guillaume de Laubier
Vorwort: Olivier Baussan
Buchdesign und Layout: Lucile Jouret

Druck und Bindung: Pollina, Luçon, Frankreich
Printed in France

ISBN 3-88472-671-4

# Das große Buch vom Olivenöl

Sylvie Tardrew
Fotos Guillaume de Laubier
Vorwort Olivier Baussan

CHRISTIAN VERLAG

HUILE
D'OLIVE

# Der Ölbaum –
## Geschenk des Mittelmeerraumes

*»Was ist ein Olivenbaum? Ein Olivenbaum ist ein Greis.*

*Und zugleich ein Kind, das auf der Stirn einen Olivenzweig trägt*

*und an seinem Gürtel einen kleinen Beutel voller Oliven.«*

*Rafaël Alberti*

Vor etwa zehn Jahren entnahm ich diese Worte einem Buch von Fernand Braudel und bat zwanzig Fotografen, Gesten, Traditionen und Landschaften aus der Welt des Olivenbaums im Mittelmeerraum festzuhalten*. Jenes Baumes, der für Frieden und Langlebigkeit, für Weisheit und Gottesnähe steht. Er ist eng mit der kulturellen Entwicklung der Menschen verknüpft, wurde häufig in der Nähe von Kirchen gepflanzt, als Lebensbaum verehrt oder zu Ehren von Verstorbenen gesetzt.

Der Ölbaum ist seit mindestens 7 000 Jahren bekannt und stammt ursprünglich aus Regionen des östlichen Mittelmeeres – Syrien, Palästina oder auch Kreta. Im Alten Testament gilt der Ölbaum als Symbol des Friedens und wird häufig besungen. Von den ausgedehnten Olivenhainen, die sich vom Nahen Osten bis zum Fuße des Kaukasus erstreckten, soll der griechische Held Kekrops bei seiner Rückkehr aus Ägypten die ersten Ölbäume nach Attika eingeführt haben. Das Knappwerden der Eicheln in den heiligen Wäldern, das Vergil in der *Georgica* festhält, könnte auf den Beginn der Kultur des Ölbaums hinweisen. Auch in einem Text von Herodot findet sich der griechische Ursprung dieses Landwirtschaftszweiges bestätigt: »Zu jener Zeit war Athen der einzige Ort, an dem es Ölbäume gab.« Die Göttin Athene wurde zur Beschützerin des heiligen Baumes ernannt. Lange Zeit galt der Olivenbaum als geschützt und durfte lediglich zur Anfertigung von religiösen Statuen gefällt werden. Wer es wagte, einen Ölbaum zu anderen Zwecken zu fällen, musste mit der Verbannung rechnen. Das Orakel von Delphi soll schließlich Pallas Athene gebeten haben, einen

* Mit der tatkräftigen Unterstützung von Christian Caujolle, dem Begründer der Fotoagentur Vu.

Wald mit den heiligen Bäumen anzulegen, was als Grundstein seiner Nutzung als Kulturpflanze gilt. In anderen Quellen, etwa bei Plinius und Cicero, werden die Kultur des Olivenbaums und die Gewinnung des Öls auf Aristaios, den Sohn des Apollon, zurückgeführt. In der römischen Mythologie gilt der Olivenbaum als Geschenk Minervas.

Als die Phönizier zu Beginn des ersten Jahrtausends v. Chr. ihre Kolonien gründeten, führten sie dort auch die Kultur des Ölbaums ein. In der Nähe der im Altertum bedeutenden Hafenstadt Byblos sind Bäume zu sehen, die mehr als 3000 Jahre alt sein sollen und deren Stamm zu umfassen es mehrerer Menschen bedarf. Von den phönizischen Kolonien in Karthago aus verbreitete sich der Ölbaum im nordafrikanischen Raum.

Die Griechen, die 600 v. Chr. den Grundstein des heutigen Marseille legten, führten den Ölbaum in der Provence ein. Zur gleichen Zeit gelangte er, wie im Übrigen auch die Rebstöcke, über Süditalien bis nach Rom und wurde im klassischen Zeitalter im größten Teil des Mittelmeerraumes kultiviert. Die Überreste von Ölmühlen im südfranzösischen Departement Var wie auch die Funde zahlreicher Ölamphoren an römischen Siedlungsplätzen zeugen von der Bedeutung der Olivenkultur zu jener Zeit.

Die Römer kannten bereits mehrere Sorten, 1 500 Jahre später erwähnte der Agronom Olivier de Serres 18 verschiedene Olivensorten. Heute sind knapp 150 bekannt, die aus etwa 20 Ländern stammen. Eine relativ große Zahl ähnlicher Sorten wird häufig mit unterschiedlichen Namen belegt. So ist zum Beispiel die nordlibanesische Sorte *Baladi*, deren Name »einheimisch« bedeutet, der Sorte *Souri* ähnlich, die im Südlibanon und im Norden Israels anzutreffen ist. Von den rund 800 Millionen Olivenbäumen, die heute weltweit kultiviert werden, gedeihen mehr als die Hälfte in den fünf EU-Ländern des Mittelmeerraums. In der EU-Produktion von Olivenöl übernimmt Spanien 35 %, Italien 34 %, Griechenland 28 %, Portugal 2 % und Frankreich 1 %.

Die Ernte- und Behandlungsmethoden der Oliven sind über viele Jahrhunderte hinweg unverändert geblieben und zum Teil heute noch zu beobachten. Zu den ältesten archäologischen Funden zählen einfache Olivenmühlen aus Israel, die 9 000 Jahre alt sein sollen und in denen die Oliven noch mithilfe von Steinen von Hand zerkleinert wurden, und Olivenpressen aus Kreta, die aus dem mittleren minoischen Zeitalter (ca. 1800–1500 v. Chr.) stammen. Auch auf zahlreichen bemalten griechischen Vasen (ca. 6. Jahrhundert v. Chr.) sind Olivenpressen dargestellt. Neben der Walzmühle – zwei zylindrische Steine, die sich über einem Behälter mit Oliven drehten und das Fruchtfleisch, aber nicht die Kerne zerquetschten – wurde laut Plinius in Athen das so genannte *Trapetum* verwendet, bei dem zwischen Mühlsteinen und Behälter ein vorgegebener Abstand von knapp zwei Zentimeter lag.

In dem Buch *Das Leben auf Kreta zur Zeit der minoischen Kultur* schreibt Paul Faure: »Die Olivenernte war die letzte und längste des Jahres. Sie begann im November und endete erst Anfang März, wenn die überreifen Früchte von allein herabfielen. Einige Oliven wurden von Hand geerntet, von den höheren Ästen mussten sie jedoch von den Männern mit Stöcken herabgeschlagen werden. Die Frauen und Kinder sammelten die Früchte vom ... mit

Tüchern ausgelegten Boden auf und entfernten Blätter und Zweige. Wie bei der Getreideernte und der Weinlese waren alle Bediensteten des Gutes im Olivenhain versammelt. Drei gute Arbeiterinnen konnten im Laufe einer Saison Oliven für eine Tonne Öl sammeln. Die Früchte, die konserviert und als Tafeloliven verzehrt werden sollten, wurden in Salzlake eingelegt.«
Das Olivenöl wurde in drei Arbeitsschritten gewonnen: Das erste Olivenöl entstand durch Kaltpressung der Oliven. Das zweite, zwanzig Tage später durch Pressung der Oliventrester. Das letzte Öl wurde unter Hinzufügung von warmem Wasser ebenfalls aus dem Oliventrester gewonnen. »Es wird deutlich, dass die Gewinnung von Olivenöl zahlreicher Arbeitskräfte und großer Sorgfalt bedurfte und die Unterschiede in Preis und Qualität entsprechend groß sein konnten.«

Jede Olivensorte hat ihre Eigenart und ihren Geschmack, entsprechend gibt es nicht ein Olivenöl, sondern verschiedene Olivenöle. Wie beim Wein werden auch hier Spitzenerzeugnisse, die *Crus*, gewonnen, die je nach den klimatischen Bedingungen von einem zum anderen Jahr unterschiedlich ausfallen. Der Geschmack eines Öls wird durch die Sorte, die Lage und natürlich die Art der Herstellung bestimmt. Hygiene ist bei der Gewinnung von Olivenöl eine wesentliche Voraussetzung.
Im Gegensatz zum Wein handelt es sich bei Olivenöl jedoch um einen wahrhaftigen Fruchtsaft, der sich unter strengen Bedingungen, vor Licht und Wärme geschützt, höchstens anderthalb Jahre lagern lässt.
Je nach Herkunft zeigt sich ein Olivenöl eher grün mit Geschmacksnoten von frischem Gras, Artischocken oder Tomatenblättern, oder aber milder mit Nuancen von frischen Mandeln, Milch, Zitrusfrüchten oder Weißdorn.
Die großen Gastronomen haben sich schon rasch von dieser Frucht und ihren Erzeugnissen schöpferisch beflügeln lassen. Und so avancierte Olivenöl von seinem schlichten Dasein als Zutat einer Vinaigrette zur Königin manch eines Menüs und fand auf subtile Weise sogar Eingang in die Kreation von Desserts. Küchenchefs wie etwa Jacques Chibois oder Jean-Marie Meulien haben einige Rezepte dem Olivenöl gewidmet.

Die Reise um das *Mare Nostrum*, zu der Sylvie Tardrew in diesem Buch einlädt, führt uns zu Olivenhainen und kulinarischen Begegnungen und gewährt Einblicke in die Arbeit der Menschen am Mittelmeer, in ihre Strapazen und ihre Leidenschaft für das Erbe der Oliven. Nach dieser Reise möchte ich einladen, diese Utopie des »miteinander leben« zu teilen: Verbindungen schaffen, Brücken von einem Ufer zum nächsten errichten, den Sinn des Austauschs, des Teilens und des Vermischens neu entdecken – dies sind die Freuden all jener, die die Welt des Olivenbaums lieben.

*Olivier Baussan · Gründer des Unternehmens Oliviers & Co.*

# Griechenland –

## Ölbäume und Götter

»Onkel Saltiel war früh aufgestanden. [...] Auf dem Dach, vor dem Fenster stand das Frühstück bereit. Drei Teller. Eine Olive, eine Zwiebel, ein kleiner Käsewürfel. Behutsam nahm er die Olive mit einer alten Brotkruste auf [...] und goss dann einige Tropfen Olivenöl über den Käse, dessen hervorragendes Aroma er zufrieden und mit geschlossenen Augen genoss.«

(*Solal,* Albert Cohen, Paris 1930)

Vor der traditionellen Ikone brennt Tag und Nacht eine kleine Lampe – die *candili* –, die mit Olivenöl gefüllt ist. In Griechenland, der Wiege des Ölbaums, ist dessen Anblick alltäglich und vertraut. Die kargen Äste eines halb verwilderten Olivenbaumes am Straßenrand bilden einen seltsamen Kontrast zu dem üppigen Blattwerk der Feigenbäume. Ein anderer wurde vor ein Haus gepflanzt, um vor Wind und Kälte zu schützen oder bei Hitze Schatten zu spenden. Unter seinem immergrünen Laubdach trifft man sich zu Mahlzeiten, hier wird der Mittagsschlaf gehalten.
Es ist elf Uhr morgens, die Sonne steht bereits hoch am Himmel, die Tavernen haben schon lange geöffnet. Auf den Terrassen reihen sich die Stühle mit geflochtenen Strohsitzen und die kleinen Tische aneinander, harren des alltäglichen Rituals, ein wenig wackelig, vom häufigen Gebrauch und dem Wetter gezeichnet, bilden sie den vertrauten Rahmen des griechischen Alltags. Die Männer setzen sich, in der Hand das traditionelle *Komboloï* (eine Art Rosenkranz), dessen Perlen sie durch ihre Finger gleiten lassen – eine langsame und Ruhe einflößende Bewegung. Die Zeit scheint stillzustehen. Auf dem Tisch befinden sich bereits die Gläser und eine Wasserkaraffe. Ein Kellner bringt

ΟΥΖΟ

*Wilde Ölbäume schützen die kleine Kapelle und ihre Besucher vor der Mittagshitze.*

*Griechische Lebensart: der Wasserkessel für den Kaffee, die Flasche Ouzo, eingelegte Früchte und die Männer bei der* parea *in der Taverne.*

den Ouzo und Kalamatas, die berühmten eingelegten schwarzen Oliven. Die Gäste nehmen eine, zerbeißen sie wie ein Bonbon, geben etwas Ouzo ins Glas und lassen mit einem Schuss Wasser eine milchige Mischung entstehen. Nun kann das Leben beginnen: eine Olive, einen Schluck Ouzo ... Man spricht über Politik, das Wetter, die Nachbarn und die Oliven, die hier gereicht werden, denn hier bieten die Frucht und das aus ihr gewonnene Öl Gaumenfreuden und Gesprächsstoff zugleich. Die Männer geben sich der *Parea* hin, sie lassen sich vom Gespräch treiben.

In diesem Land mit seinem versprengten Territorium ist vor Jahren die so genannte Mittelmeerdiät entstanden, jene ganz im Trend der Zeit liegende Ernährungsweise, die in Medizinerkreisen ihrer zahlreichen Vorzüge wegen hoch gelobt wird. Die Griechen selbst zeigen sich von dieser Mode heute eher amüsiert: Armut und eher zufällige und nicht ungefährliche Transportmittel zwingen sie seit Generationen, sich ihre Nahrung in nächster Umgebung, auf dem eigenen Grund und Boden, zu suchen. Örtliche Gemüse, Brot, Joghurt, Käse, Feigen, gelegentlich Fisch, seltener Fleisch und, natürlich, Olivenöl, das Fett und zugleich die nötigen Vitamine liefert, bestimmen seit ehedem die Speisekarte. Seit der Antike liefert dieses Öl ihnen Beleuchtung, Nahrung, Duft und Konservierungsmöglichkeiten für ihre Lebensmittel. Die schlichte und kluge Küche mit dem dezenten Duft ihres kargen Landes, das dem Menschen und dem Paradies gleichermaßen nahe ist, hat ihnen immer ein Leben in wirtschaftlicher Unabhängigkeit ermöglicht, wie es bis heute auf einigen Inseln noch der Fall ist.

In Athen begießt man Salat und Auberginen auch heute großzügig mit Olivenöl, dessen Herkunft zumeist unbekannt ist. Die Treue zur Kreta- oder Mittelmeerdiät ist hier nicht bloße Tradition: Die griechische Kultur ist in diesem Boden verankert,

darüber hinaus bietet die Umgebung ihnen jedoch auch keine andere Wahl.
Die Griechen, die tief religiös sind, haben den Ölbaum, jenes altüberlieferte Element ihrer Landschaft, stets respektiert und geliebt. Und er dankt es ihnen auf vielfache Weise: Als Nutz- und Zierbaum gleichermaßen passt er sich dem Boden, der ihn trägt, vollkommen an – sei er trocken, karg, steinig oder, im Gegenteil, fruchtbar und gut gewässert. Darüber hinaus kann er auf einer Höhe von bis zu tausend Metern gepflanzt werden. So sieht man ihn dann auch auf Kreta nicht selten einzeln aus einer kargen, kahlen Felsspalte emporragen, ohne den geringsten Boden, der ihn nähren könnte.
Wenngleich sich die Olivenhaine auf dem Peloponnes oder auf Kreta (den wichtigsten Erzeugerregionen) üppig über mehrere hundert Hektar erstrecken, haben sich doch im übrigen Land einige kleine und mittelgroße Betriebe gehalten, wo die Produktion im Familienbetrieb geblieben ist. Auf der Insel Lesbos zum Beispiel besitzen die meisten Bauern ihren eigenen Olivenhain und pflegen diesen sonntags mit der Familie. Wenngleich Autos heute die Lastentiere ersetzt haben, kann man manchmal, halb verdeckt von den kleinen Steinmauern, einen alten Bauern ausmachen, der auf einem Esel oder Maultier reitend, mit einem Schilfrohr in der Hand, mühsam die Steigung, die zu seinen sonst unerreichbaren Ölbäumen führt, bewältigt. Aber häufig sind am Wegesrand Männer, Frauen und Kinder zu beobachten, die, nachdem sie unter den Bäumen Netze gespannt haben, gekommen sind, um die heruntergefallenen Oliven aufzusammeln. Währenddessen schlagen die jüngsten Männer die Früchte mit langen Stöcken von den Ästen. Ihre bunten Stirnbänder verhindern, dass ihnen der Schweiß in die

*Auf der neu geteerten Straße macht sich ein alter Bauer, der fast ein wenig verloren wirkt, wie gewohnt auf den Weg in seinen steil gelegenen Olivenhain.*

*Ein verlockendes Zusammenspiel von Meer und Olivenbäumen.*

Augen rinnt. Der Rhythmus ihrer Gesten ist gleichmäßig und wird von dem trocknen Laut der herunterfallenden Früchte begleitet. Die Kinder entfernen rasch die Blätter und bilden kleine Häufchen, die nach und nach verbrannt werden. Die Frauen sammeln unterdessen die Oliven ein und lagern sie behutsam in kleinen, tiefen, runden Körben aus Kastanienholz. In einem Sack, der mit einem kleinen Zweig verschlossen wird, werden die Olivenkörbe dann zur örtlichen Mühle gebracht. Dort werden sie vorsichtig gewogen und sogleich zermahlen und zu Öl verarbeitet. Auf einem kleinen Tisch hat der Ölmüller etwas Brot, Oliven, Wasser, Salz und Käse bereitgestellt. Um eine improvisierte Feuerstelle sitzen die Männer ins Gespräch vertieft bei einer Zigarette und toasten auf einem Behelfsgrill einige große Scheiben nahezu ungesalzenes Brot. Schon werden sie eingeladen, die Scheiben in der Wanne einzutauchen, in der die kostbare Flüssigkeit aufgefangen wird. Der Augenblick ist von Glück erfüllt. Die gleiche Szene wiederholt sich von Dorf zu Dorf, denn Olivenbäume gibt es hier millionenfach und Mühlen zu Tausenden.

Dieses Öl von einem ursprünglichen Terroir, ein in hohem Maße besonderes Öl, wird niemals im Handel angeboten und bleibt somit ausschließlich den örtlichen Verbrauchern im Familienkreis vorbehalten. Die wichtigste Hürde für den Export ist die zögerliche Haltung der Griechen selbst, denn sie schätzen das Olivenöl sehr und verbrauchen es in großen Mengen (mehr als dreißig Liter pro Einwohner und pro Jahr, das heißt doppelt so viel wie in Spanien und Italien und zehn Mal so viel wie in Frankreich). Sie sind stolz auf ihre Anbauflächen, auf ihr Wissen und auf die Qualität ihres Öls, das ihnen vollkommen zu sein scheint.

# Die Olivenhaine des Franck Artigaud

## Von der ewigen Rückkehr ins Land

Im Jahr 1925 hatte die Familie Artigaud aus Geldmangel Lesbos verlassen, wo sie einige Ölbäume und ein kleines Haus hinterließ. Sie wollte ins amerikanische Eldorado, verließ aber das Schiff bereits in Marokko und beschloss, sich dort niederzulassen. Franck Artigaud ist dort geboren und hat einen Teil seiner Kindheit dort verbracht. Yaya, die Großmutter, kochte wie auf Lesbos, und Franck wurde mit entsprechend viel Olivenöl großgezogen. Jeden Sommer kehrte die Familie auf die Insel zurück. Das Haus ist immer noch da, winzig und gemütlich, so klein, dass man es von der Straße her kaum dort vermutet. Das Mini-Lustschlösschen aus der Zeit um die vorige Jahrhundertwende mit seinen wenigen schmalen Stu-

*In Familienbetrieben sind Sonntags- und Handarbeit an der Tagesordnung: Spannen der Netze, Pflücken und Auflesen der Oliven.*

fen, die zu einem winzigen Treppenabsatz im Schatten zweier Olivenbäume führen, könnte aus einem Märchen stammen. Nach dem Mittagsschlaf pflegte der Großvater, Papou, mit Franck sein Land abzugehen. In katasterlosen Zeiten war dieses Verfahren unerlässlich, denn nur das Wort und der Gang grenzten den Olivenhain ein, und so war dies auch die Weise, in der Franck erfuhr, was ihm gehörte. Der ewige Spaziergang langweilte ihn jedoch schließlich, die Landschaft schien ihm so eintönig. Der Besitz wurde jedes Jahr etwas größer, denn der Großvater kaufte von seinen bescheidenen Ersparnissen neue Olivenhaine, sodass der Gang immer länger und mühsamer wurde.

Nach der Unabhängigkeit Marokkos kehrte die Familie nach Athen zurück. Alljährlich im Februar fand sich der junge Franck am Kai von Piräus ein, um das Olivenöl, das der Familie zustand, in Empfang zu nehmen.

Erst wesentlich später beginnt sich Franck Artigaud wieder für die Olivenbäume seines Großvaters und für Lesbos zu interessieren und von Paris aus die Olivenhaine mit ihren hundertjährigen Bäumen zu verwalten. Er engagiert den ortsansässigen Babis, der die Bäume pflegen und ihre Erträge steigern soll. Schnittmaßnahmen sind selbstverständlich wesentlich, doch ebenso dringend bedürfen die zunehmend einsturzgefährdeten Terrassen, die von Trockenmauern gestützt werden, der Reparatur.

Die typische Inselsorte ist die *Mytilinia,* die auch

unter den Namen *Adramiyiani* oder *Kolovi* bekannt ist. Die ovale und eher kleine Sorte bringt mittlere Erträge, da der Baum meist nur jedes zweite Jahr trägt. Sie lässt sich nur schwer zerquetschen, ergibt jedoch ein köstliches Öl, das in ganz Griechenland geschätzt wird. Die Oliven werden im Dezember und Januar grün oder halbreif geerntet. Dazu werden große, dunkle Netze unter den Bäumen gespannt. Die Männer schlagen die Früchte mit Stöcken herunter, während die Frauen sie auflesen und zusammentragen. Die Steinfrüchte werden anschließend in die fünf Kilometer entfernte Ölmühle gebracht. Das Gebäude ist sehr groß und schon von weitem an dem hohen Ziegelschornstein zu erkennen. Dieser ist heute jedoch überflüssig, da das Öl nicht mehr unter Hitzeeinwirkung gewonnen wird. Franck Artigaud benötigt acht Kilo Früchte für einen Liter blassgelbes Öl. Es zeigt sich sehr flüssig und leicht, besitzt einen langen Abgang und sehr wenig Bitterstoffe. Es schmeckt köstlich frisch zu Salaten, lässt sich problemlos zum Kochen verwenden und verändert nicht den Geschmack von gebratenen Zutaten.

Franck träumt nun davon, auf dem Land seiner Vorfahren zu leben, wie bereits sein Bruder, der vor zehn Jahren nach Athen zurückgekehrt ist. Die Insel scheint ihn zu erwarten und zu brauchen: Zahlreiche Ölbäume sind ihrem traurigen Schicksal überlassen, vergessen von Bauern, die vor Generationen ausgewandert sind und ihrem Land den Rücken gekehrt haben. Sein größtes Problem ist nicht der Vertrieb seiner Erzeugnisse, sondern das Finden von örtlichen Arbeitskräften. Ohne sie ist die Produktion aber unmöglich: Die geographische Lage der Ölbaumpflanzungen in Terrassen verhindert jegliche Mechanisierung des Betriebes.

# Andreas Alexopoulos

## und das sortenreine Öl Agalma

*Der Eigentümer verfolgt den gesamten Prozess der Ölerzeugung: Er ist beim Wiegen der Oliven anwesend und ist der Erste, der das frisch gewonnene Öl verkostet.*

Diese Geschichte stammt aus Kreta, einer äußerst produktiven Region, wo die Bewohner, laut eigener Aussage, bereits als Ölmüller auf die Welt kommen. Hier besitzt jede Familie mindestens einige Olivenbäume, die den Bedarf des Hauses decken.

Auf dreihundert Metern Höhe, am Fuße des Berges Ida, an einem von den Göttern gepriesenen Ort, gedeihen fünfhundert Olivenbäume. Sie gehören Andreas Alexopoulos und seiner Familie. Der in Paris wohnhafte Architekt ist auf dieses Familienerbe sehr stolz und pflegt es mit Leidenschaft und Geduld und der Hilfe einiger vor Ort gebliebener Familienmitglieder.

Auf seinem Land findet sich keine Spur von hundertjährigen Bäumen: Sein Olivenhain besteht aus kräftigen Ölbäumen im Alter von zehn bis fünfzig Jahren. Wie die meisten seiner Kollegen erneuert er sie regelmäßig und schneidet sie einmal im Jahr zurück, sodass sie nicht all zu groß werden.
Er zieht nur eine einzige, auf diese Region begrenzte, recht unbekannte Sorte, die *Siloliala* (was im Griechischen »die kleine Olive« heißt), und beteuert hoch und heilig, je kleiner die *Siloliala,* umso besser das Öl. Für einen Liter Agalma benötigt Andreas Alexopoulos fünf Kilo Oliven. Fasziniert von dieser winzigen Frucht, pflegt er sie hingebungsvoll, nicht zuletzt, weil sie erstaunliche Qualitäten besitzt. Sie verkraftet problemlos die glühende Hitze des Sommers und liebt milde Winter. Um ihr Wachstum zu fördern, pflügt er den Boden um und verwendet als Dünger den Oliventrester (die nach dem Pressen aufgefangenen festen Reste des Fruchtfleisches und die zermahlenen Steine).
Die traditionell mit langen Stöcken herabgeschlagenen Oliven werden anschließend zur Ölmühle gebracht. Das fertige Olivenöl wird dann vor Ort gelagert und in dunkle Flaschen oder in Metallkanister, die sie gegen das Sonnenlicht schützen, abgefüllt. Das sortenreine Öl ist sehr elegant und von blassgrüner Farbe. Seine Geschmacksnoten von Artischocken und Gräsern gehen in einen würzigen Abgang über. Es passt zu gegrilltem Fisch und Gemüse und lässt sich gut zum Kochen verwenden.

# Die wichtigsten griechischen Olivensorten

## Kalamata

Die Kalamata zählt zu den berühmtesten Oliven Griechenlands. Sie wird hauptsächlich in den Regionen Messina, Lakonien und Lamia gezogen, ist besonders als Tafelolive geeignet und besitzt eine geschützte Ursprungsbezeichnung (A.O.P.). Die fleischige Sorte ist wohlschmeckend und fast süß, das aus ihr gewonnene Öl mild und sehr fruchtig. Es besitzt nur wenig Bitterstoffe und verwöhnt mit einem langen Abgang.

## Koroneiki

Die ovale und nach oben leicht spitze Koroneiki ist die Hauptsorte für die Ölerzeugung in Griechenland. Sie liebt die Trockenheit, zeigt sich jedoch nur bedingt kälteverträglich und gedeiht bevorzugt auf dem Peloponnes wie auch auf Kreta.

## Mastoidis

Der rustikale, pflegeleichte Ölbaum, der die Sorte Mastoidis hervorbringt, lässt sich auf einer Höhe von bis zu tausend Metern ziehen. Die Sorte wird auf Kreta kultiviert, wo man sie häufig zusammen mit der Koroneiki findet. Sie ist als Tafelolive wie auch zur Herstellung von Olivenöl geeignet.

## Mytilinia

Die Hauptsorte der Insel Lesbos wird auch auf Chios und Skyros gezogen. Sie ergibt ein ehrliches, dezentes Öl mit einem Anflug von Kräutern im Aroma.

## Adramitini

Die Adramitini besitzt eine leicht raue Schale und teilt sich, mit geringerem Anteil, auf Lesbos und Chios die Anbauflächen mit der Sorte Mytilinia. Sie wird auch auf Euböa kultiviert. Die Bäume tragen nur jedes zweite Jahr Früchte, aus denen ein Öl von ausgezeichneter Qualität gewonnen wird.

## Konservolia

Die Konservolia kann bis zu einer Höhe von sechshundert Metern kultiviert werden. Die Bäume brauchen jedoch hinreichend Wasser, um für das Tragen von Früchten eine ideale Größe zu erreichen. Sie wird – grün wie schwarz – hauptsächlich zum Einlegen verwendet.

## Die wichtigsten griechischen A.O.C.-Olivenöle

### Apokoronas Hania Krete
Das A.O.C.-Öl stammt aus der Region Canea (Hania) im Westen Kretas.

### Archanes Iraklion Krete
Die ebenen Anbauflächen der Region Heraklion auf Kreta lassen ein eher mildes, harmonisches und anspruchsvolles Öl ohne Bitteraromen entstehen.

### Kalamata
Das milde, leichte Öl aus der gleichnamigen Region im Süden des Peloponnes wird aus der Sorte Koroneiki gewonnen. Es ist frei von Bitterstoffen und feurigen Noten.

### Kolimvari Hania Krete
Ein weiteres Olivenöl aus der Region Canea (Hania) im Westen Kretas. Es verführt mit schöner Aromenkomplexität von frisch gemähtem Gras und Mandeln.

### Kranidi Argolidas
Das Öl stammt aus Argolidas, unweit von Epidauros auf dem Peloponnes. Es besitzt einen ausgeprägten Geschmack, ist angenehm fein und entwickelt im Abgang einen zarten Hauch von Bitternoten.

### Krokees Lakonia
Das milde und betont aromatische Öl aus Lakonien, im Süden des Peloponnes, besitzt feine Geschmacksnoten von frisch gemähtem Gras.

### Lygourio Asklepieion
Wegen seines milden, runden Charakters und seiner fruchtigen Aromen erfreut sich das leichte Öl aus der Region Lygourio auf dem Peloponnes allgemeiner Beliebtheit.

### Petrina Lakonia
Das zweite Öl aus Lakonien zeichnet sich durch ähnliche Eigenschaften wie die Öle der A.O.C. Krokees Lakonia aus.

### Peza Iraklion Krete
Das zweite A.O.C.-Öl aus der Region Heraklion auf Kreta zeigt sich herrlich subtil und ausgewogen. Es ist seidig, zartgrün und besitzt keine allzu ausgeprägten Aromen.

### Sitia Lassithi Krete
Das geschützte Herkunftsgebiet in der bergigen Region Lassithi im Osten Kretas ist kleiner als die übrigen Anbaugebiete der Insel. Hier entsteht ein komplexes, ausdrucksstarkes Öl in intensivem Grün, mit besonders ausgeprägtem Fruchtaroma.

### Viannos Iraklion Krete
Das ausgesprochen feine, dritte A.O.C.-Öl aus der Region Heraklion auf Kreta besitzt ausgeprägte Aromen und zeigt sich mild und ausgewogen.

### Vorios Milopotamos Rethymnon Krete
Das kretische Öl aus der Region Rethymnon zeigt ein angenehmes Gleichgewicht zwischen kräuterwürzigen Aromen und rundem Geschmackseindruck.

# Die Kreta- oder Mittelmeerdiät

Um 1950 äußern einige Wissenschaftler ihre Verwunderung über den außergewöhnlichen Gesundheitszustand der Einwohner Kretas. In der Tat wurde hier weltweit die niedrigste Rate an Herz- und Gefäßerkrankungen festgestellt. Auf der Suche nach den Gründen für diese glückliche Entdeckung stellen die Mediziner auf der Insel abweichende Ernährungsgewohnheiten fest: Die Speisen sind weniger üppig und gesünder. Die Kreter sind ärmer als die Bewohner der nördlichen Länder und ernähren sich fast ausschließlich von einheimischen Erzeugnissen, jenen ihrer Insel oder der nächsten Umgebung. Auf Kreta wird aus finanziellen Gründen sehr wenig Fleisch gegessen, dafür aber sehr viel Obst, Gemüse, Getreide, Brot und Teigwaren (auch wenn dies die Diät-Anhänger verwundern mag), Reis, Hülsenfrüchte, Milchprodukte (sie sind Meister im Bereiten von Joghurt aus Schafs- und Ziegenmilch), Käse, und gelegentlich Eier und Fisch, das Ganze immer großzügig mit Olivenöl serviert. Sahne und Butter finden sich so gut wie nicht, Soßen haben Seltenheitswert, und die Garzeiten sind sehr kurz.
Wenn sich die Griechen zu Tisch begeben, dann geschieht dies lustvoll. Die Vorspeisen warten bereits in großer Vielfalt: Tomaten und Salatgurken mit etwas Feta, gekochte Wildgemüse, Hummus (Püree aus Kichererbsen oder frischen Dicken Bohnen), Tintenfischsalat, grüner Salat mit etwas Zitronensaft, gefüllte Weinblätter, Tzatziki (Gurken, geraspelte Möhren und Knoblauch vermischt mit Joghurt), Gemüsegratin – eine Moussaka mit Auberginen statt Fleisch –, Suppe von Gartengemüse usw. Fleisch und Geflügel werden häufig in Olivenöl gebraten, Fisch wird gegrillt, Obst frisch verzehrt. Der entscheidende Unterschied liegt jedoch in der beständigen Verwendung von Oliven und Olivenöl in der alltäglichen Küche.

Croissants und Hefegebäck finden sich nur selten. Morgens wird eher ein dickflüssiger Joghurt oder Milchreis gegessen und auch Herzhaftes steht auf dem Speisezettel: Ziegenkäse etwa mit gutem Brot und einigen Tropfen Olivenöl. Der Kaffee wird erst später genossen, in einem Café, mit der Zeitung und einigen Freunden, mit denen dann die neuesten Nachrichten besprochen werden.

Auf diese so schlichte Küche haben Länder, die wie Frankreich für ihre Gastronomie berühmt sind, lange Zeit herabgesehen. Seit jedoch bekannt ist, dass sie lebensrettend sein kann, ist sie zum Allheilmittel geworden.
Den Eckstein der Kreta- oder Mittelmeerdiät bildet das Olivenöl, dessen Vorzüge unbestritten sind. Es ist reich an Vitamin A und E (die die Alterungsprozesse verzögern), an Spurenelementen und Polyphenolen (die als natürliche Antioxidantien wirken) und es verbessert die Fließeigenschaften des Blutes. Olivenöl besteht im Wesentlichen aus einfach ungesättigten Fettsäuren (im Gegensatz zu tierischen Fetten und Butter, die große Mengen gesättigter Fettsäuren enthalten), darunter Oleinsäure (die den Gehalt an gutem Cholesterol (HDL) erhöht und jenen an schlechtem Cholesterol (LDL) senkt), und verringert das Risiko von Erkrankungen der Herzkranzgefäße. Die berühmte Diät ist zur Lebensart geworden und Hobby- und Meisterköche lassen sich mittlerweile europaweit von ihr inspirieren. Die Ernährungsweise basiert auf dem Verzehr von frischem Gemüse und Hülsenfrüchten, Obst (gern täglich und in großen Mengen), Getreide (Vollkornbrot, Teigwaren und Reis), Käse und Joghurt aus Ziegen- und Schafsmilch (hier sind die Kalorien nicht ganz außer Acht zu lassen), Trockenfrüchten wie Nüsse oder Mandeln, Fisch und Meeresfrüchte, Geflügel, Kaninchen, rotem Fleisch (in sehr geringen Mengen) und Eiern – eine Zusammenstellung, die inzwischen Schule gemacht hat. Olivenöl findet sich heutzutage in jedem Haushalt, Gemüse und Getreide wurden rehabilitiert.
Es sei jedoch darauf hingewiesen, dass die Mittelmeerdiät nicht mit einem Gewichtsverlust einhergeht. Olivenöl ist nicht weniger fett als anderes Öl, es ist lediglich leichter verdaulich und der Gesundheit zuträglicher. Die medizinische Entdeckung dieser Tugenden würde unseren Ahnen, die Olivenöl bereits bei Verstopfung empfahlen, nur ein Lächeln abringen. Genießer ließen es sich im Übrigen schon früher nicht nehmen, vor einem üppigen Mahl einen Esslöffel Olivenöl zu verzehren.

# Tafeloliven

Eine grüne Olive in einem Cocktailglas lässt sogleich Partylaune aufkommen. Ob grün, halbreif oder schwarz, in Griechenland gilt die Tafelolive als die Königin des Aperitifs, das i-Tüpfelchen zum Ouzo, die Begleiterin zu Käse – kurzum, sie ist allgegenwärtig. Es ist somit nicht verwunderlich, dass die weltweit bekannteste Sorte, die schwarze Kalamata, von hellenischem Boden stammt.
Die einladend aussehenden Tafeloliven, die sich ebenso leicht verzehren wie einlegen lassen, haben sich heute einen sonnigen Platz auf den Märkten Europas erobert. Die Verbraucher schätzen sie zunehmend und wissen inzwischen auch mehrere Sorten zu unterscheiden. Letzteres dank der Hilfe des anerkannten Fachmanns, dem Olivenhändler.
Während er die Schöpfkelle in die Schüsseln aus Keramik, Holz oder Stahl taucht, preist er lautstark seine Ware an: »Oliven! Herrliche Oliven! Das Beste für Ihre Gesundheit! Probieren Sie die kleinen schwarzen aus Nizza, die Kalamatas aus Griechenland, die Tanche aus Nyons, etwas schrumpelig, aber Genuss pur! Frische Lucques! Gordal, Hojiblanca aus Spanien, Manzanilla aus Sevilla ...«
Die Liste wäre noch lang, denn die Verkäufer handeln mit nicht weniger als 140 verschiedenen Sorten.

Die köstliche Steinfrucht zählt zu den wenigen Früchten, die nicht unmittelbar vom Baum verzehrt werden können. Bevor sie lose, in Gläsern oder sonstigen Gefäßen auf den Märkten, in Supermärkten und Feinkostgeschäften angeboten werden, müssen die kleinen Früchte tatsächlich einer sorgfältigen Behandlung unterzogen werden. Wenn wir sie auf unserem Tisch sehen, ist es nur schwer vorstellbar, dass sie verlesen und behandelt, mitunter auch entsteint, mit Aroma versehen oder in Stücke geschnitten wurden. Es wird mit anderen Worten alles getan, um diesen Steinfrüchten ein Höchstmaß an Vollkommenheit zu verleihen.

Ihre Farbe – grün, halbreif oder schwarz – ist von ihrem jeweiligen Reifezustand abhängig und nicht von der Sorte. Grüne Oliven werden vor dem Farbwechsel gepflückt. Sie müssen alle eine einheitliche Farbe aufweisen, die von Hellgrün über Gelbgrün, das fast ins Goldene spielt, bis Dunkelgrün oder Kakifarben variieren kann.
Die halbreifen Oliven, die etwas fleischiger sind als die grünen, werden nach dem Farbwechsel gepflückt, jedoch bevor sie vollreif sind. Ihre Töne weisen unendlich feine Nuancen von Blassrosa bis Purpur auf.
Schwarze Oliven schließlich werden vollreif geerntet und sind voller Sonne und Öl. Manche unter ihnen können runzelig sein, wie die Tanche aus Nyons. Im Geschmack zeigen sie sich milder, nahezu süß, da sie etwas eingelegt wurden.

Das Schicksal dieser Oliven ist vom Augenblick ihres Erscheinens am Baum an bestimmt. Dieser wird nach den Traditionen seiner Region beschnitten, aber ebenso wird seine Ausrichtung berücksichtigt wie auch das Klima, in dem er gedeiht.
Ein gut beschnittener Ölbaum produziert schöne Früchte von gleicher Größe, die überdies – und das ist entscheidend – in der gleichen Zeit heranreifen, an jenem Augenblick, der für das Pflücken ideal geeignet ist.
Die Bäume werden sorgfältig überwacht, gepflegt und gedüngt. Zu den wichtigsten Pflegemaßnahmen zählt die Wasserversorgung. Sie bestimmt die Erntequalität, denn die Bäume müssen so bewässert werden, dass sich die Früchte harmonisch entwickeln, wobei das Verhältnis von Fruchtfleisch und Kern wie auch der Ölgehalt eine Rolle spielen.

Der heikle Moment des Erntetermins wird sorgfältig berechnet. Tafeloliven müssen nun einmal perfekt aussehen, dürfen weder Flecken noch andere Makel aufweisen. Die Ernte findet daher in den meisten Ölbaumpflanzungen nach wie vor von Hand statt und wird von wenigen erfahrenen Pflückern durchgeführt. In einigen Gegenden werden leichte Nylonnetze über den Boden gespannt, die die Oliven sanft auffangen.
Um jegliche Art von Oxidation zu vermeiden, werden sie behutsam in gut belüftbaren, kleinen Lattenkisten gesammelt und anschließend zum Einlegen gebracht, wo sie verlesen, nach Größe sortiert und einer ersten Behandlung unterzogen werden, die ihnen die Bitterstoffe entzieht. Danach werden sie je nach Rezept einige Wochen oder Monate in Salzlake gelagert.

Nach dieser Etappe können sie bereits so belassen oder je nach Verwendungszweck weiterbehandelt werden: entkernt, gefüllt, mit Aromen versehen oder in Stücke geschnitten. Schließlich werden sie pasteurisiert, sterilisiert und je nach Verwendung verpackt.

# Olivenöl für Gesundheit und Körperpflege

Lebt der Mensch durch Olivenöl besser und länger? Neben den Verdiensten der Mittelmeerdiät, die bereits in höchsten Tönen gepriesen wurden, scheint sich der regelmäßige Genuss von Olivenöl – so belegen es medizinische Studien – in mehrfacher Hinsicht wohltuend auszuwirken.

Im fünften Jahrhundert vor Christus wurde es von Hippokrates gegen Muskelkater, Magengeschwüre und Cholera empfohlen. Die heutige Forschung scheint sich über folgende Punkte einig zu sein: Nicht raffiniertes Olivenöl besteht im Wesentlichen aus einfach ungesättigten Fettsäuren, darunter Oleinsäure, aus Spurenelementen, Vitaminen (A und E) und Polyphenolen. Es ist diese besondere und einzigartige Zusammenstellung, die es erlaubt, die Forschung zur Vorbeugung von Erkrankungen der Herzkranzgefäße voranzutreiben. Die Forscher vertreten die Meinung, dass Olivenöl im Kampf gegen schlechtes Cholesterin (LDL) wirksam ist und gutes Cholesterin (HDL) in den Vordergrund rückt. Außerdem soll es die Fließeigenschaften des Blutes verbessern, sodass es zur Vermeidung von Arterienverkalkung beiträgt.

Olivenöl wirkt sich zudem positiv auf unsere Knochen aus: Die Oleinsäure ermöglicht eine bessere Aufnahme von Kalzium und Vitamin D 3. Der regelmäßige Genuss ist somit wesentlich für den Knochenaufbau und ein wirksamer Schutz vor Osteoporose.

Auch die Kosmetikindustrie hat das Produkt und seine positiven Eigenschaften für sich entdeckt. Tatsächlich trägt Olivenöl zum Kampf gegen freie Radikale bei, jene Feinde der Haut, die sie schneller altern lassen.

Auch hier bewirkt die einzigartige Zusammenstellung – im Einzelnen Vitamin E, Betakarotin und Polyphenole –, dass Olivenöl bei regelmäßiger Anwendung die Oxidation der Zellen und somit die Alterung der Haut verlangsamt.

Darüber hinaus trägt Olivenöl auch zu einer guten Verdauung bei, da es leichter verdaulich ist als andere Fette, und die Aktivität der Gallenblase, die für den Verdauungsprozess wesentliche Arbeit leistet, anregt.

Neuere Untersuchungen von Dr. Michael Stoneham aus Großbritannien weisen zudem auf die Rolle von Olivenöl, aufgrund seines Gehalts an Fasern, Antioxidantien, Oleinsäure und seines geringen Gehalts an gesättigten Fettsäuren, bei der Vorbeugung von Darmkrebs hin. In Italien konnte Dr. Mario Mancini den positiven Einfluss von Olivenöl bei Diabetes-Erkrankungen hervorheben, da es den Cholesteringehalt senkt und die Kontrolle des Blutzuckers verbessert, indem es die Insulinempfindlichkeit erhöht. Ein weiterer italienischer Arzt, Dr. Francesco Panza, hat Untersuchungen zum möglichen positiven Einfluss von Olivenöl beim Rückgang der geistigen Fähigkeiten älterer Menschen angestellt.

*Neben seinen gesundheitsfördernden Eigenschaften lässt sich Olivenöl auch auf vielfache Weise im Bereich der Körperpflege verwenden. Seit Menschengedenken legen Frauen und Männer Wert auf einen gepflegten, schönen und angenehm duftenden Körper. Im Mittelmeerraum gilt Olivenöl als das erste Kosmetikprodukt überhaupt. So war es unter eleganten und auf ihr Äußeres bedachten Ägyptern, Griechen und Römern üblich, die Haut nach dem Bad mit Olivenöl einzureiben. Frauen massierten es in die Haare ein, um diesen mehr Glanz zu verleihen und sie zu kräftigen. Auch schützte Olivenöl ihre Haut vor vorzeitiger Alterung und ließ sie zarter werden. Athleten rieben ihren Körper mit Olivenöl ein, um ihn zu wärmen und zu pflegen und natürlich auch, um ihr Muskelspiel beeindruckender zur Geltung zu bringen. Schon berühmte Schönheiten wie Kleopatra oder Nofretete widmeten ihrem Aussehen bekanntlich viel Zeit und verwendeten hierzu eigens hergestellte Mischungen aus Olivenöl und Kräutern, Blütenblättern oder Gewürzen. Und Rezepte für Kosmetikprodukte auf Basis von Olivenöl erfreuen sich bis heute großer Beliebtheit. Einige dieser, zumeist einfachen und sehr wirksamen Mischungen werden im Folgenden vorgestellt.*

## Haarpflege

*Kosmetikhersteller nutzen die wohltuenden Eigenschaften des Olivenöls (beruhigend, Feuchtigkeit spendend und die Heilung fördernd) seit langem bei der Herstellung von Shampoos und Cremes zur Gesichts-, Körper- und Handpflege. Selbst die frischen Blätter des immergrünen Ölbaums werden verwendet, da sie antibakterielle Eigenschaften besitzen.*

*Die heutigen Verbraucher, die häufig allzu aufwändig hergestellte Produkte ablehnen, schätzen die Schlichtheit des Olivenöls. Geschmack, Farbe und Duft sind ihnen vom täglichen Gebrauch in der Küche bekannt und so vertrauen sie dem Olivenöl für Gesundheit und Körperpflege gleichermaßen. Insbesondere, da das flüssige Gold, das sich aus der Flasche ergießt, augenblicklich seinen wohltuenden Effekt auf der Haut spüren lässt – ganz ähnlich wie Wasser, jenes andere einfache Mittel, den Durst zu stillen vermag.*

*Blonde Strähnchen lassen sich beispielsweise mit einer Mischung aus Olivenöl und Zitronensaft erzeugen. Diese wird Strähne für Strähne auf das Haar aufgetragen. Anschließend die Haare in der Sonne und an der freien Luft trocknen, mit einem milden Shampoo waschen und trocknen lassen.*

*Kräftigend für das Haar wirkt sich eine Mischung aus zwei verschlagenen Eigelb mit 10 cl Olivenöl aus, die in das Haar einmassiert wird. Anschließend das Haar in ein Handtuch einschlagen. Die Mischung 20 Minuten einwirken lassen und dann mit einem milden Shampoo waschen.*

## Handpflege

*Balsam für brüchige Fingernägel ist ein tägliches 15-minütiges Bad in lauwarmem Olivenöl. Das Zaubermittel für gepflegte Hände besteht aus 2 EL Olivenöl und 1 TL Kristallzucker. Die Hände etwa 5 Minuten lang mit der Mischung einreiben, ähnlich wie mit Seife. Anschließend unter warmem Wasser abspülen. Diese Mischung lässt sich durchaus auch für den gesamten Körper mit besonderer Berücksichtigung der Ellenbogen, Fersen und Knie anwenden. Das Ergebnis ist augenblicklich spürbar.*

## Hautpflege

*Die besonders zarte Haut der Brust kann wirksam mit warmen, mit Olivenöl getränkten Kompressen geschützt werden. Anschließend mit kaltem Wasser abspülen.*

*Als Sonnenschutz empfiehlt sich Olivenöl mit einigen Spritzern Zitrone, die wiederum das Öl auf der warmen Haut vor dem Ranzigwerden schützen.*

## Gesichtspflege

*Belebend für die Gesichtshaut wirkt sich eine Maske aus Olivenöl und Tonerdenmehl aus. Die Maske trocknen lassen und mit lauwarmem Wasser entfernen. Die Gesichtspflege wird abgerundet mit einem in kaltem Wasser getränkten Waschtuch, das über das Gesicht gelegt wird.*

# Tzatziki

Pro Person

## Zutaten

1 griechischer Joghurt aus Schafsmilch pro Person
1 Stück Salatgurke, sehr klein geschnitten
1 Möhre, geraspelt
1 Knoblauchzehe, zerdrückt
1 EL Dill, fein gehackt
Salz und Pfeffer
Olivenöl (nach Belieben)

Einen sehr festen Joghurt auswählen oder ihn einen halben Tag lang durch ein trichterförmiges Sieb abtropfen lassen. Den Joghurt in eine Schüssel oder auf einen Teller geben und Salatgurke, Möhre, Knoblauch und Dill hinzugeben. Salzen, pfeffern, alles gut vermischen und mit Olivenöl beträufeln.

# Gefüllte Gemüsepaprika

Pro Person

## Zutaten

2 kleine Gemüsepaprika
2 EL Feta aus Schafsmilch
15 cl Olivenöl
Pfeffer, Salz (bei Bedarf)

Die Gemüsepaprika der Länge nach halbieren, Samen und Scheidewände entfernen. Den Feta mit der Hälfte des Olivenöls vermischen und die Gemüsepaprikahälften damit füllen.
Eine Keramikform mit Olivenöl einpinseln und die Paprika, Füllung nach oben, hineinsetzen. Nach Geschmack salzen und pfeffern. 20 Minuten bei 150 °C im Ofen garen. Eventuell mit einigen Streifen Paprika verzieren und heiß servieren.

*Die Flasche Olivenöl mit auf den Tisch stellen und kurz vor dem Verzehr das Gericht mit einigen Tropfen abschmecken.*

ΨΑΡΟΚΡΕΑ
ΨΗΤΟΠ

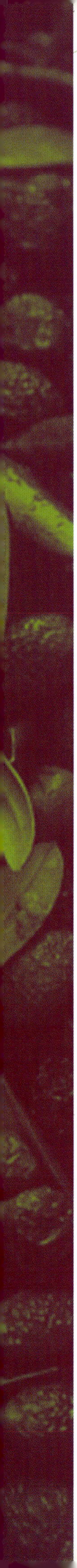

# Horta mit Olivenöl

Für vier Personen

## Zutaten

1 kg Gemüse und Wildkräuter
(Löwenzahn, Rauke, Spinat usw.)
2 Knoblauchzehen, zerdrückt
Salz und Pfeffer
Olivenöl
1 Zitrone

Die Wildkräuter und das Gemüse waschen und trockenschleudern. Wasser zum Kochen bringen und Kräuter und Gemüse 2 Minuten darin blanchieren, dann sofort unter eiskaltem Wasser abschrecken. Abtropfen lassen. Mit dem zerdrückten Knoblauch vermischen und abschmecken.
Horta wird lauwarm oder kalt serviert und mit einem kräftigen Schuss Olivenöl und einigen Tropfen Zitronensaft auf den Tisch gebracht.

# Gebratene Saganaki

Pro Person

## Zutaten

2 Scheiben Käse aus Schafsmilch
*(kephalogravia)*
2 Eigelb
2 EL Mehl
10 cl Olivenöl
Salz (bei Bedarf), Pfeffer

Die Käsescheiben zunächst in dem verschlagenen Eigelb wenden, anschließend im Mehl. Das Olivenöl in einer Pfanne erhitzen und die Scheiben darin von beiden Seiten goldgelb braten. Auf Küchenkrepp abtropfen lassen, nach Belieben salzen und pfeffern und heiß servieren.

# Taramósalata

Für vier Personen

## Zutaten

80 g Kabeljaueier
200 g Toastbrot (vom Vortag
und ohne Rinde)
30 cl Olivenöl
Saft einer Zitrone (nach Wunsch)
Pfeffer

Das Brot in etwas Wasser tauchen, dann gut ausdrücken. Mit den Fischeiern vermischen. Das Ganze mit einem regelmäßigen, dünnen Strahl Olivenöl zu einer Mayonnaise verrühren. Nach Wunsch mit dem Zitronensaft abschmecken und pfeffern, aber auf keinen Fall salzen.

# Püree von Dicken Bohnen mit Olivenöl

Für vier Personen

## Zutaten

500 g frische Dicke Bohnen, bereits gegart
2 Knoblauchzehen, geschält (ggf. Keim entfernt)
20 cl Olivenöl
Grobes Salz
Saft einer Zitrone
Paprikapulver
Einige schwarze Kalamata-Oliven

Die Bohnen mit der »Flotten Lotte« oder im Mixer pürieren, eventuell das Püree nochmals durch ein Passiersieb streichen.
Den Knoblauch im Mörser mit 2 EL Olivenöl zerdrücken. Mit einem Spachtel oder Schneebesen die Knoblauchmasse unter das Püree ziehen und das restliche Olivenöl unterrühren. Salzen, mit dem Zitronensaft abschmecken und erneut vermischen. Vor dem Servieren das Püree mit Paprika bestäuben und mit schwarzen Oliven verzieren.

*Das Püree lässt sich nach diesem Rezept auch mit gekochten Kichererbsen bereiten.*

# Gebratene Rotbarben

Pro Person

Die Rotbarben im Mehl wenden, das überschüssige Mehl abschütteln. In einer Pfanne das Olivenöl erhitzen, bis es 180 °C heiß ist. Die Fische von jeder Seite drei Minuten darin braten. Auf Küchenkrepp abtropfen lassen. Nach Belieben würzen und mit den Kalamatas und den Zitronenscheiben heiß servieren.

*Die Flasche Olivenöl gehört auch hier mit auf den Tisch, sodass das Gericht kurz vor dem Verzehr mit einigen Tropfen beträufelt werden kann.*

## Zutaten

3 Rotbarben, küchenfertig vorbereitet
2 EL Mehl
25 cl Olivenöl
Einige schwarze Kalamata-Oliven
Einige Zitronenscheiben
Salz und Pfeffer

# Italien –

## Die Eleganz der Toskana

**Olivenöl gehört zu Italien wie die italienische Oper: Es ist unverzichtbar und gleichermaßen beliebt wie verfeinert. Jede Region hat ihre Eigenheiten, alle zusammen stehen sie jedoch in dem verdienten Ruf, die aromatischsten Oliven der Welt hervorzubringen.**

Italien ist eine merkwürdige Halbinsel, jener berühmte italienische Stiefel, dessen gebirgige Landfläche von zwei Meeren eingefasst wird: dem Mittelmeer im Westen und der Adria im Osten. Jede Region besitzt ihr eigenes Klima, jede Provinz eine unterschiedliche Mentalität und dennoch werden sie durch dieselbe Lebensart geeint, durch dieselbe Lust am Feiern und Essen, dieselbe Freude am Wort und an der Musik, durch eine natürliche Eleganz wie auch durch ein kühnes und zugleich charmantes Auftreten. In diesem zauberhaften Land, das Begeisterung und Leidenschaft hervorruft, scheint alles natürlich und köstlich zu sein. Mit Schönheit und Großzügigkeit vermag Italien zu verführen.

Wo bliebe der Charme der Fünfzigerjahre ohne die Vespa, ohne Gina Lollobrigida, Sofia Loren oder Roberto Rossellini? Was wäre die Welt ohne den Fiat 500 und den Trevi-Brunnen? In diesem Land entstand der Chic, mit der umgeschlagenen Hose der Silvana Mangano und den Anzügen und weißen Hemden von Marcello Mastroianni. Was wären wir ohne Pizza und Pasta, ohne Mozzarella und Parmesan? Was wäre Europa ohne *dolce vita*? Dasselbe gilt auch für das Olivenöl. Denn wenngleich es die Griechen waren, die die ersten Öl-

bäume zogen, so ist ihre Verbreitung im gesamten Mittelmeerraum doch den Römern zu verdanken. Die Römer entwickelten die Kultur des Olivenbaums, wo immer es ihnen möglich war, und galten als absolute Meister ihres Fachs. In Italien werden mehr als 450 Olivensorten gezogen. Einige sind weit verbreitet, andere, auf wenige Anbaugebiete begrenzt, sind dem breiteren Publikum vollkommen unbekannt. Der Ölbaum ist nahezu überall zu finden: im Norden (Lombardei, Trentino, Veneto, Ligurien und Emilia-Romagna), in der Mitte (Toskana, Umbrien, Latium und Abruzzen), im Süden (Apulien, Kampanien, Kalabrien) wie auch auf den Inseln (Sardinien und Sizilien). Jede Region besitzt ihre Oliven und ihre eigenen Öle. Aus Italien sollen die aromatischsten Öle der Welt stammen.

*In dieser von Reben und Olivenbäumen geprägten Landschaft erscheint das Leben sanft und leicht; im Keller lagert lichtgeschützt das Olivenöl in großen Tonkrügen, draußen wartet ein kleiner Imbiss auf angenehm kühlen Steinen.*

In Apulien – einer der fruchtbarsten Gegenden – werden Getreide, Mandeln, Wein, Tabak und natürlich Oliven angebaut. Dort stehen die *trulli*, kleine weiße Steinhäuschen mit kegelförmigem Dach, in einem grünen Meer jahrhundertealter Olivenbäume versteckt. Daneben gibt es größere Höfe, die sich stattlich oberhalb der Ölbaumpflanzungen erheben. Ob arm oder reich, in Apulien sind die Bauern stolz auf ihr Öl: Es ist von gelber Farbe, besitzt sehr wenig Säure und zeichnet sich durch einen eher ursprünglichen Charakter aus.

Sizilien verdankt seine Reben und Ölbäume den griechischen Besatzern des 8. Jahrhunderts v. Chr. Die von der imposanten Silhouette des Ätna beherrschte Insel mit vulkanischem Boden lebt von ihren Gegensätzen: Großgrundbesitzer und Kleinbauern, mildes Klima an den Küsten, dafür aber heiße Sommer und äußerst kalte Winter im Inneren der Insel sorgen für eine erstaunliche Vielfalt charakteristischer Öle. Die Ölbäume gedeihen überall in Küstennähe, unweit des Ätna und bis zu einer Höhe von 700 Metern. Hier verbinden die Olivenölbauern Tradition und Erfahrung mit den neuesten Kenntnissen der Fachforschung, allen voran das Landgut La Gurra, dessen Öl Ravidà sich durch goldgrüne Farbe und einen ausgeprägten und würzigen Geschmack auszeichnet.

In der Mitte Italiens – in Kampanien, Latium und Umbrien – hat der Ölbaum seine Wahlheimat gefunden. So ist das grüne Umbrien mit seinen Hügeln, bergigen Hängen und der zerklüfteten Landschaft stolz auf seine terrassierten Olivenhaine. Hauptsächlich aus den Sorten *Moraiolo*, *Leccino* und *Colli del trasimenti* werden sehr unterschiedliche Öle gewonnen: Hier stehen die fruchtigen Reifen neben den fruchtigen Grünen, wobei die feurige Note der einen die Milde der anderen ergänzt.

Die Region, die vom Olivenöl inspiriert ist, bleibt aber die Toskana. Ihre vollkommene, gleichgewichtige, ruhige und großartige Landschaft vermittelt einen natürlichen Eindruck und ist uns vertraut. Doch sie ist in hohem Maße eine Kulturlandschaft. Die Hand und das Auge des Menschen sind allgegenwärtig. Jener Hügel, der uns so gottgegeben erscheint, jene Zypressen, die sich wie flackernde Kerzen vor uns aufrichten, jene Olivenhaine und Weizenfelder, die sich scheinbar zufällig vor unserem Auge präsentieren, sind das Werk von Landschaftskünstlern. Die Toskana ist ein lebendiges Bild. Äußert sich hier der Einfluss der Medici und ihres unbeschreiblichen künstlerischen Umfeldes oder liegt er tief in der Seele der Toskaner verborgen? Diese Landschaft ist schlichtweg ideal. Ideal für den Ölbaum und ideal für die Menschen. »Beim Eintritt in die Toskana bemerkt der Reisende unverzüglich, dass er ein Land betritt, dessen Bewohner Bauern sind. Doch bedeutet Bauer zu

sein bei uns nicht nur graben, hacken, das Feld bestellen, sähen, mähen, die Früchte der Äcker und Rebstöcke ernten. Es heißt vor allem, die Scholle mit den Wolken zu verbinden, Himmel und Erde eins werden zu lassen.« (Curzio Malaparte, *Ces sacrés Toscans*, Paris 1957)
Weizen, Reben, Ölbäume und Zypressen wetteifern miteinander in Schönheit und Stolz. Das klare, milde, großzügige Licht der Toskana hebt jedes Detail hervor. Die Schatten der Ölbäume faszinieren, jeder Sonnenstrahl erweckt den goldenen Ton der Steine in den kargen Dörfern zu neuem Leben. Die Renaissancevillen sind ausnahmslos überwältigende ländliche Orte der Ruhe. Seit Jahrhunderten gehören sie aristokratischen Familien, die ihre Ländereien wie Fürsten bewirtschaften. Reben und Olivenbäume werden hier nicht wie das Erbe, sondern wie die Erben umsorgt, sind sie doch Vergangenheit, Gegenwart und vor allem die Zukunft der Ihren. Florenz, Siena, Lucca, San Gimignano sind jeder für sich göttliche Orte, in denen Wein und Öl das Salz der Erde darstellen. Hier ist auch der Laudemio entstanden, ein von einigen Adligen gegründetes Konsortium, das dem Olivenöl gewidmet und um den Ruf ihres Produkts besorgt ist. Hier erinnern die Höfe an Paläste, die Gärten an Felder und die Felder wiederum an Gärten. Bei Sonnenuntergang, wenn sich die Hügel einander nähern, vermittelt die friedvolle Natur das Gefühl des Glücks: Hier ist alles Luxus, Ruhe und Genuss.

*Eleganz und Raffinesse: Hier leuchtet flüssiges Gold.*

*Schöne, rustikale Arbeitsgeräte zählen zu den kleinen Freuden des Lebens.*

# Der Laudemio

Der Ursprung des Namens geht auf das Mittelalter zurück, auf jene Zeit, als der Pachtbauer einen Teil des Ertrags, den besten Teil, an seinen Lehnsherrn abtrat: den *laudemio*.

Im Jahr 1990 gründen adlige Toskaner ein Konsortium, das die feinsten toskanischen Olivenöle zusammenführt und prüft. Sie nennen es »Laudemio«. Gleichzeitig legen sie bestechend strenge und genaue Kriterien fest. Von nun an sind diese Regeln für jeden toskanischen Erzeuger, der den Laudemio erhalten will, verbindlich. Die erste bezieht sich auf die geographische Lage: Die Olivenplantagen müssen sich im Herzen der Toskana befinden – in den Regionen Antinori Tenute und Chianti Classico – auf einer Höhe von 300 bis 350 Metern.

*Die Reben, deren zartgrünes Laub erste Nuancen von Purpur und Gold erahnen lässt, sind ein fester Bestandteil der toskanischen Landschaft.*

*Die Steinfrüchte sind soeben in die Netze gefallen und werden nun von den Pflückern verlesen.*

Die beiden Hauptsorten dieser Appellation sind *Frantoio* und *Moraiolo*. Die Oliven müssen vor Ende November (spätestens bis zum 15. Dezember) von Hand gepflückt werden, wenn die Früchte noch nicht vollends reif sind. Nach der Ernte sind die Oliven in gut belüftbaren, kleinen Behältern zu lagern. Zwischen der Ernte und dem Pressen der Früchte dürfen höchstens 24 Stunden verstreichen.
Vor dem Pressen werden die Oliven in der Ölmühle sortiert und zerkleinert (um so ein Höchstmaß an Polyphenol zu erlangen). Um den aromatischen und organoleptischen Charakter des zukünftigen Öls anzuregen, wird die Masse in eine Mühle gegeben. Die Temperatur darf 23 °C nicht überschreiten. Die letzte Phase der Extraktion des Öls geschieht ohne Hinzufügung von Wasser durch Dekantieren oder Zentrifugieren in einer Zwei-Phasen-Zentrifuge.
Das Öl wird dann in Behältern gelagert, die nicht mehr fassen dürfen als 50 Hektoliter. Sie müssen in einem Keller oder an einem gut belüfteten, lichtgeschützten Ort bei einer Temperatur zwischen 8 und 20 °C gelagert werden.
Das Abfüllen in Flaschen geschieht selbstverständlich beim Erzeuger. Jeder einzelne Arbeitsschritt, von der Klassifizierung der Olivenbäume bis zum Abfüllen, kann zu jeder Zeit kontrolliert werden. Die nach diesen Kriterien erzeugten Öle müssen dann einer Kommission, die von der Handelskammer in Florenz bestimmt wird, zur Begutachtung und Bewertung vorgestellt werden. Wenn das Öl mehr als acht von zehn Punkten erreicht, darf es die Auszeichnung »Laudemio« tragen.

# Die Fattoria di Maiano

## Die reinste Filmkulisse ...

*Die prachtvollen Villen der Toskana: hier ein bescheidenes schmiedeeisernes Tor und ein großzügiges Anwesen, das gleichermaßen der Arbeit wie auch der Entspannung dient.*

Diese *fattoria* ist der Stoff, aus dem die Träume sind: Hinter der verschlossenen Tür scheinen uns Visconti oder James Ivory zu erwarten und dennoch ist die Villa di Maiano Wirklichkeit.
Die immens große und großzügige, elegante Villa inmitten der Hügel von Fiesole und Settignano erweckt den Eindruck, als wäre sie für die Ewigkeit gebaut. Über ihr erhebt sich ein viereckiger Turm, der zum Ruhm der ihn umgebenden Landschaft errichtet zu sein scheint. Zu seinen Füßen erstrecken sich, sanft abfallend, eine luxuriöse Terrasse und Gärten im italienischen Stil, die mit uralten Zypressen bestanden sind.

Mehrere namhafte Familien haben das immense Anwesen nacheinander geführt. Bereits im 16. Jahrhundert sah sich Bartolomo degli Allessandri aufgrund von Schulden (die seiner Frau anzulasten sind) gezwungen, die Villa und ihre Ländereien zu verkaufen.

Die Pazzis wurden die glücklichen nachfolgenden Eigentümer und begründeten den ruhmreichen Ruf des Hauses. Die Familie von Intellektuellen ging durch zwei bedeutende Persönlichkeiten in die Geschichte ein: Maria Magdalena de Pazzi, die später heilig gesprochen wurde, und Alfonso, der mehrere Akademien zur Bewahrung der Reinheit der italienischen Sprache gründete. Als die Pazzis ohne Nachkommen blieben, übernahm Nerri Gucci Tolomei, ein wohlhabender, aus Siena stammender Tuchhändler die Führung.

Die Villa di Maiano, die gleichzeitig als Sommerhaus, Ruheort und für Festlichkeiten genutzt wurde, war von Weinbergen, Olivenbäumen und sorgfältig unterhaltenen Pachtgütern umgeben und besaß somit sämtliche Vorzüge, die einen wohlhabenden englischen Lord mit einer großen Liebe zur Toskana zu verführen vermochten. Im Jahr 1800 erwarb Sir John Temple Leader das Anwesen mit den Ländereien bei einer Versteigerung und ließ umfassende Restaurierungsarbeiten durchführen. So erhielt das Haus den Glanz früherer Tage zurück und der Hausherr konnte wieder zu prunkvollen Empfängen und Festen einladen.

*Ein herrlicher italienischer Garten mit Kübelpflanzen und formalen Buchshecken, die an Versailles erinnern.*

*An einer der Wände der Villa wurde die Schönheit und Sanftheit der Florentiner Frauen für immer festgehalten.*

*Seit ewigen Zeiten wachen die Löwen über das Haus.*

Nach seinem Tod gelangte es jedoch wieder in die Hände einer toskanischen Familie, deren Oberhaupt eine Frau ist, die Contessa Regia Corsini Maria Fulcis.

Von nun an wurde das Gut – das aus mehreren Gebäuden besteht – wie ein Unternehmen geführt, wobei jedes Haus des Guts unabhängig ist.
In der Villa di Maiano gilt das Öl als Königin.
Es handelt sich um ein Laudemio-Öl, das in erster Linie aus den Sorten *Frantoio* und *Moraiolo* gewonnen wird. Wie bei allen toskanischen Laudemio-Ölen erfüllt die Familie genau die Kriterien und lässt ihre Erzeugnisse von der Kommission der Florentiner Handelskammer begutachten. Die Corsini Fulcis verstehen sich jedoch nicht ausschließlich als Landwirte, wenngleich sie in diesem Bereich fortwährend für Neuerungen sorgen. Die Familie hat den Großteil ihrer Gutsgebäude für Besucher eingerichtet: Hier erwarten die Gäste Läden, Ausstellungen, kulturelle Veranstaltungen, wunderbar eingerichtete Ferienwohnungen und Privatzimmer, Kochkurse und ein Restaurant.
Und in der Toskana lässt es sich bekanntlich überaus gut leben.

*Alte Familienbüsten verleihen dem Schreibtisch eine einladende Arbeitsatmosphäre.*

*Das restaurierte Himmelsgewölbe schützt das Haus.*

*Das Glück wartet unter dem Olivenbaum …*

# Tenuta La Novella

## Neues Leben in einem verlassenen Gut

*Tenuta La Novella bringt nicht nur eines der feinsten Olivenöle der Toskana hervor, hier wurde auch der mythische* vino santo *zu neuem Leben erweckt.*

Ein langer, frisch geteerter Weg führt vom Dorf Greve im Chianti zu dem Anwesen, das auf einer Höhe von 500 Metern liegt, dort wo die Olivenfliege nicht länger ihr Unwesen treiben kann.
Das mächtige Gebäude erhebt sich stolz über den Ländereien. Von einem Hügel zum nächsten reihen sich hier Reben, Ölbäume und Kastanienwälder aneinander, vermischen sich auch gelegentlich und lassen die ganze Schönheit dieser Landschaft erkennen. Als Liebesbeweis verlassen einige Reben ihre Furche und winden sich um einen alten Olivenbaum, der sich auf ihr Terrain verirrt hat, und erinnern daran, dass Ölbaum und Reben für eine Symbiose wie geschaffen sind.
Das große Gut war lange Zeit verlassen. 1996 entdeckte eine französische Gesellschaft seinen Charme, erwarb es und ließ die verschiedenen Wirtschaftszweige wieder aufleben, von den Rebflächen bis zu den Bienenstöcken und Kastanienhainen, die einen hochwertigen Honig entstehen lassen. Innerhalb weniger Jahre wurde Tenuta La Novella zur Erfolgsgeschichte. Hier verbinden sich Technik und Wille mit einer hervorragenden Kenntnis der Anbauflächen.
Tenuta La Novella hat stets im Rhythmus der Reben und des Weins, dem Chianti Classico, gelebt. Nun, da dieser vom neuen Gutsherrn rehabilitiert wurde, ermöglicht er es dem Gut, auch die lange vernachlässigten Olivenbäume wieder zu nutzen, indem sie nach den gleichen Methoden behandelt werden wie der Wein.
Das Gut wird von dem jungen Toskaner David Picci geleitet. Er ist ruhig und stolz, mit seinem Land verwurzelt und doch mit dem Kopf den Wol-

TENUTA La NOVELLA
Nº 1 ★ HL 12

ken nahe. Letztere betrachtet er zu jeder Jahreszeit, im Winter bei –15 °C wie auch im Sommer bei sengender Hitze. Seine Augen sind es, die ihn bei seinen Entscheidungen leiten, denn für diesen Mann, der sein Fachwissen an der Fakultät für Agrarwissenschaft erworben hat und gleichermaßen vom Wissen früherer Generationen erfüllt ist, ist das Betrachten wesentlich. Das genaue Hinsehen lässt ihn entscheiden, wann der richtige Augenblick zum Schneiden, Ernten, Bewässern oder Pflegen der Bäume gekommen ist.
Der Olivenhain liegt zum Teil an steilen Hängen, was unweigerlich bedeutet, dass von Hand gepflückt wird. Abhängig von den kultivierten Sorten erstreckt sich die Ernte über den ganzen Winter. Die *Moraiolo,* aus der 50 % des Tenuta-Öls gewonnen wird, wird von Mitte November bis Mitte Dezember geerntet. Es folgen die *Frantoio* (25 %) zwischen Ende November und Anfang Februar und die *Coregiolo* (10 %), die die Kälte am besten verträgt, sowie die *Leccino* (5 %).
Die verbleibenden 10 % teilen sich einheimische Sorten wie die *Razzo, Pendolino, Rosselino* usw.
Aus dem langsamen, friedlichen Umgang erwächst eine Haltung, die eine schlechte Behandlung der Bäume nicht toleriert. Sie werden nur die Erträge erbringen, die sie in der Lage sind zu liefern, vorausgesetzt, sie werden nicht über ihre natürlichen Kräfte hinaus getrieben. So lässt sich erklären, warum hier für die Gewinnung eines Liters Olivenöl etwa 15 Kilo Oliven benötigt werden. Es erübrigt sich beinahe, zu erwähnen, dass kümmerliche und nicht einwandfreie Früchte bereits bei der Ernte aussortiert werden. Unter diesen

Bedingungen bleiben die Produktionsvorhersagen eher vage und schwanken je nach Jahr zwischen 7 und 25 Hektoliter – eine kleine, aber feine Produktion also. Unmittelbar nach dem Pflücken werden die Oliven zur hauseigenen Mühle transportiert, die dauerhaft in Betrieb ist. Nach dem Zermalmen der Früchte wird der Olivenbrei geknetet. Die Trennung von Fruchtwasser und Öl geschieht dann in einer Zentrifuge. Bevor das Olivenöl von Tenuta La Novella auf den Markt gelangt, wird es auf natürliche Weise dekantiert.

Man lebt hier im Einklang mit dem Land: Honig zum Frühstück, Chianti Classico zu den Mahlzeiten, Olivenöl zu allem Gemüse und auf jedem Teller. Und bei Sonnenuntergang erinnern uns die Lichter von Florenz daran, dass der Glanz der Medici nichts von seiner Kraft eingebüßt hat.

*Toskanische Lebensart: Ciabatta, Olivenöl, Knoblauch und Wein.*

*In Tenuta La Novella gehen Vergangenheit und Gegenwart eine gelungene Symbiose ein: In den alten, kühlen Kellern wird das Olivenöl in modernen Edelstahltanks gelagert.*

*Unter den silbrigen Blättern sind die Früchte langsam herangereift. Wenn ihre Farbe von Grün ins Rotbräunliche wechselt, werden sie geerntet.*

# Castello di Poppiano

## Neun dem Land geweihte Jahrhunderte

*Die behagliche, alte Familienbibliothek lädt zum Verweilen und Schmökern ein.*

*Ein nahezu perfekt inszeniertes Stillleben wird hier von warmem Licht umspielt: ein altes Tischchen, eine Männerbüste mit klassischen Zügen, dazu einige Olivenzweige und Korbflaschen.*

Seit neun Jahrhunderten fühlt sich die Familie Guicciardini auf innigste Weise mit ihren Ländereien und ihrer Heimat, der Toskana, verbunden. Die mittelalterliche Burg wacht über die Reben und Olivenhaine. Der von der Außenwelt abgeschottete, massive Bau beeindruckt durch seine zwei mit Schießscharten versehenen, viereckigen Türme. Doch versteckt sich hinter der äußeren Kargheit typische toskanische Lebensart. Unter toskanischen Aristokraten war man Krieger, Künstler, Kaufmann, Geistlicher, Familienoberhaupt, aber auch und vor allem immer Bauer. Graf Ferdinando Guicciardini ist einer von ihnen. Er bewirtschaftet die Ländereien seiner Vorfahren und ist gleichzeitig bestrebt, die Qualität seiner

außergewöhnlichen Rebstöcke und Ölbäume unaufhörlich zu verbessern.

Nach einer glanzvollen Karriere in der Geschäftswelt beschloss er, sich ganz der Entwicklung seiner Ländereien zu widmen. Den Olivenhain übernahm jedoch seine Frau. Die wundervolle und äußerst liebenswürdige Contessina verwendet ihr gesamtes Wissen als Biologin, ihr italienisches Temperament und ihre gute Laune für die Olivenkultur.

Etwa 22 000 Olivenbäume umfasst ihr Hain, darunter ehrwürdige alte Exemplare, die den strengen Winter des Jahres 1985 überlebt haben.

Alle Bäume werden mit größtem Wohlwollen behandelt, doch nur wenige sind auserkoren zur Gewinnung des berühmten und anspruchsvollen Laudemio Costa mit seinen intensiven Noten von frischen Oliven und frisch gemähtem Gras. Diese besonderen Ölbäume gedeihen auf Höhen zwischen 250 bis 290 Metern an kalkhaltigen, gut wasserdurchlässigen Hängen, die nach Süden bis Südwesten ausgerichtet sind. Das Laudemio Costa ist eine Cuvée aus drei Sorten: *Frantoio* (90 %), *Pendolino* und *Moraiolo* zu je 10 %.

Die Ernte von Hand beginnt in den ersten Novembertagen, weit vor der Vollreife der Oliven, was jenen unvergleichlichen Geschmack des Öls hervorbringt. Unmittelbar nach der Ernte werden sie in der *frantoio,* der Gutsmühle, gepresst, die im Laufe der Jahre stets modernisiert wurde, sodass vor allem eine genaue Temperaturüberwachung während des gesamten Produktionprozesses ermöglicht wurde. Das gefilterte Erzeugnis wird in Edelstahltanks gelagert. Als Qualitäten des Laudemio Costa gelten der grüne Farbton, das reine, leuchtende Auftreten, das so exklusive Mandelaroma, vermischt mit einem Hauch von Bitterkeit und einem Anflug von Artischocke, der Abgang mit jenem flüchtigen Eindruck seltener Gewürze. Das Öl wird stilvoll in einem Flakon gereicht.

CASANUOV

# Die wichtigsten italienischen Olivensorten

## Leccino

Die eher kleine Sorte ist kälteverträglich und kann auch in höheren Lagen gezogen werden. Daher ist sie in beinah ganz Italien anzutreffen, wenngleich sie sich in der Toskana, in Umbrien und Latium am wohlsten zu fühlen scheint.

## Coratina

Dies ist die Olive aus Apulien, aus der Umgebung von Bari. Sie kommt mit dem launischen Wetter dort gut klar und verleiht den Ölen Apuliens ihren rustikalen Charakter.

## Frantoio

Die Sorte bildet einen Bestandteil der feinen Öle aus der Toskana. Die kälteempfindliche Sorte wird halbreif gepflückt, in einem Stadium zwischen grün und kirschrot, und erfordert große Aufmerksamkeit.

## Taggiasca

Die gegen Kälte und Trockenheit empfindliche Sorte gedeiht in der Gegend von Imperia. Sie wird für die Bereitung der Öle der D.O.P. Riviera Ligurien verwendet. Manche Erzeuger bereiten aus ihr ein sortenreines, mildes und elegantes Öl, das Aromen trockener und frischer Mandeln verströmt.

## Moraiolo

Die Steinfrucht wirkt eher unauffällig: In vollreifem Zustand ist sie klein, rund und schwarz. Die aus der Toskana stammende Sorte wird auch in Umbrien angebaut.

## Carolea oder Olivo de Calabra

Die Sorte gedeiht problemlos auf den kargen Böden an den Berghängen Kalabriens. Aus ihr wird das aromatische D.O.P.-Lametia-Öl gewonnen.

## Gentile di chieti

Die traditionelle Sorte in der Region der Abruzzen. Sie ist gleichermaßen kälte- wie auch hitzeverträglich und ergibt ein angenehmes, frisches Öl mit leicht pikantem Abgang.

## Nocellara del Belice

Die klassische sizilianische Sorte aus dem Belice-Tal, die auf der Insel als die »Königin der Oliven« gilt, wird dort für sortenreine Öle wie auch für Cuvées verwendet. Sie verleiht den Ölen Siziliens ihren pikanten, frischfruchtigen Charakter, oft kombiniert mit Ölen aus den Sorten Cerasola, Biancolilla, Tonda Iblea.

## Die wichtigsten italienischen D.O.P.

### Aprutino Pescarese
Das relativ säurearme, leicht fruchtige und milde Abruzzen-Öl besitzt mitunter einen leicht pikanten Abgang.

### Brisighella
Leicht feuriges Öl aus der einheimischen Sorte Nostrana di Brisighella. Der grüne Farbton dieses Produktes aus der Emilia-Romagna und der Toskana lässt staunen.

### Bruzio
Das Öl aus Kalabrien zeigt sich bodenständig mit intensiven, wenig säurebetonten Aromen.

### Canino
Betont fruchtiges und aromatisches Öl aus Latium mit leichten Bittertönen.

### Cilento
Intensives Öl aus Kampanien mit leichter Bitteraromatik.

### Collina di Brindisi
Der feurige Charakter dieses Erzeugnisses aus Apulien kommt am besten beim jungen Öl zum Ausdruck.

### Colline Salernitane
Stark aromatisches Öl aus Kampanien aus den Sorten Salella oder Carpallese.

### Colline Teatine
Ein Abruzzen-Öl, das immer für Überraschungen gut ist und sich sowohl betont feurig als auch sehr mild zeigen kann.

### Dauno
Für das betont fruchtige, säurearme Öl aus Apulien werden die Sorten Rofondella, Coratina und Peranzana verwendet.

### Garda
Das betont milde Öl besitzt komplexe Geschmacksnuancen. Die D.O.P. erstreckt sich über Lombardei, Trentino und Venetien.

### Laghi Lombardi
Mildes Öl aus der Lombardei mit feiner Bitteraromatik.

### Lametia
Das sortenreine Öl aus Kalabrien besitzt durch die Sorte Carolea ein kräftiges Aroma.

### Monte Iblei
Das intensiv grüne sizilianische Öl verströmt feine Aromen von frisch gemähtem Gras.

### Penisola Serrentina
Das relativ saure, doch sehr angenehme Öl aus Kampanien wurde aus den Sorten Rofondella, Frantoio und Leccino komponiert.

### Riviera Ligure
Das ligurische Öl zeigt sich mild und komplex mit einem Aroma von Trockenfrüchten.

### Sabina
Intensiv grünes, dickflüssiges Öl mit dichten Aromen aus Latium.

### Terra di Bari
Elegantes, stark aromatisches, doch mildes Öl, das in Apulien erzeugt wird.

### Terra d'Otranto
Das Öl aus Apulien zeigt sich relativ säurebetont mit leicht würzigen Noten. Ein Hochgenuss für Feinschmecker.

### Terra di Siena, Chianti Classico und Lucca
Die Erzeugnisse aus der Toskana sind komplex und aromareich, besitzen jedoch alle einen jeweils eigenen Charakter.

### Umbria
Bitteres, feuriges und relativ elegantes Öl mit intensiven Aromen. Es stammt aus Umbrien.

### Val di Mazara
Sizilianisches Öl mit langem Abgang und Aromen von getrockneten Früchten.

### Valli Trapanesi
Öl aus sizilianischen Sorten mit feinen Kräuteraromen.

# Die Herstellung von Olivenöl

Olivenöl gab es bereits viertausend Jahre vor unserer Zeitrechnung und demjenigen, der als Erster eine reife Olive zwischen den Fingern ausdrückte und ihren Saft auffing, kann man nur dankbar sein. Ob sofort klar war, dass es sich dabei um ihr Öl handelte, jenes Fett, das die Haut geschmeidig macht, einen natürlichen Duft verströmt, problemlos verzehrt werden kann und für vielfache Verwendungen geeignet ist?

Archäologische Funde bieten Stoff für vielerlei Anekdoten zur Kultivierung des Ölbaums, der Ernte seiner Früchte und ihrer Umwandlung zu Öl.
Der Mensch ist seit der Antike in der Lage, Olivenöl zu gewinnen, wobei die Extraktionsverfahren im Laufe der Jahrhunderte stetig verbessert wurden. Dennoch hat sich nichts wirklich verändert: Die Prinzipien sind vollkommen identisch geblieben. Die Früchte werden zunächst gewaschen, dann zermalmt. Der auf diese Weise hergestellte Brei wird anschließend in eine Mühle gegeben und gepresst. Der Oliventrester (die festen Reste des Fruchtfleisches und die zermahlenen Steine) sowie andere Pressrückstände werden dann entfernt, zum Schluss wird das Öl vom Fruchtwasser getrennt.
Es ist leicht vorstellbar, wie der Mensch von den Händen zum Mörser und vom Mörser zum Mahlstein überging.
Im Laufe der Zeit lernte man, den Brei vom Öl zu trennen, indem er in einem Tuch über einem irdenen Gefäß gehalten wurde, später presste man ihn zwischen zwei Steinen. Es folgte die Presse, wie sie bis heute in einigen Gegenden zu sehen ist. Schließlich begann man, das Öl zu dekantieren, das ohne das Wasser reiner, fetter und geschmackvoller wurde.
Bei sämtlichen Verfahren ist man bemüht, ein Erwärmen des Olivenbreis zu vermeiden (dessen Temperatur unter 30 °C bleiben muss) und die Aromen zu erhalten.
Es versteht sich von selbst, dass hier ausschließlich von der ersten Kaltpressung die Rede ist, die das Olivenöl zu einem edlen Erzeugnis werden lässt.

Traditionelle Ölmühlen funktionieren etwa wie folgt: Sie sind häufig in einem Dorf gelegen und pressen das Öl für mehrere Plantagen. Die Bauern liefern ihre Früchte in Sammelkörben oder Säcken, mit denen sie ihre Lieferwagen randvoll gestapelt haben. Jeder wartet geduldig, bis er an der Reihe ist. Nach dem Wiegen, in Gegenwart des jeweiligen Eigentümers, werden die Oliven von Blättern und anderen Pflanzenresten befreit und in klarem Wasser gewaschen.
Sie gelangen von dort unverzüglich unter einen oder mehrere Mahlsteine, die Fruchtfleisch und Kerne gleichermaßen zermahlen. Der Brei wird nach dem Kneten auf große, runde Pressmatten, die Scourtins, aufgetragen. Diese sind eine Art flacher Körbe mit großer Öffnung, ehemals aus Binse oder feinem Stroh geflochten, werden sie heute aus Kunstfaser hergestellt. Die gefüllten Pressmatten werden nach und nach übereinander unter die Presse gestellt. Sobald diese in Betrieb genommen wird, sieht man das Öl, noch mit Fruchtwasser gesättigt, entlang der Pressmatten heruntertropfen. Unten wird es dann in einem Behälter aufgefangen. Der Oliventrester wird aus den Pressmatten entfernt und als Tiernahrung, als Mulchschicht am Fuß der Olivenbäume oder als Brennmaterial weiterverwertet.
Der schwierigste Teil ist nun vollbracht. Jetzt gilt es, das Öl vom Wasser zu trennen. In modernen Mühlen geschieht dies mithilfe einer Zentrifuge. Gelegentlich, aber zunehmend seltener, wird die gewonnene Flüssigkeit in einen Dekanter gegeben. Anschließend wartet man, bis sich das Öl, das leichter ist als Wasser, an der Oberfläche sammelt, wo es dann äußerst behutsam abgeschöpft wird.

Werden die Pressmatten, selbst jene aus Kunstfasern, schon bald nur noch im Museum zu sehen sein?

Die Ölmüller haben sich an die veränderte Situation angepasst und bleiben dennoch der Tradition treu. Sie schließen mit einigen Gütern Verträge ab. Diese sichern ihnen ihre Produktion mit einem speziellen Auflagenkatalog zu und verleihen ihnen das Exklusivrecht, ihr Öl zu festgelegten Terminen zu extrahieren.

Andere Erzeuger ziehen es vor, vollkommen unabhängig zu arbeiten, und haben in eine eigene Mühle investiert. Die meisten unter ihnen sind weit gereist, haben viel beobachtet, sich Gedanken gemacht und sich an den im Weinanbau verwendeten Verfahren orientiert. Ihre Technik ist auf dem allerneuesten Stand und sie zögern nicht, die Maschinenhersteller selbst zu bitten, ihre Maschinen anzupassen. Die Qualität ihres Öls ist ihnen oberstes Gebot und sie möchten die Produktion von der Ernte bis zur Abfüllung kontrollieren.

In den modernen kleinen Betrieben mit ihren blitzblanken Wänden und beeindruckenden Maschinen findet die Ölgewinnung auf andere Weise statt. Kaum sind die Oliven angeliefert, verschwinden sie (man wird sie nicht mehr zu Gesicht bekommen) in den Trichtern. Das Waschen nimmt man nur noch akustisch wahr und auch das Zermalmen und Kneten geschieht nicht länger vor unseren Augen. Wie durch Zauberhand werden der Oliventrester und das Fruchtwasser entfernt, das Öl wird mithilfe einer Zentrifuge innerhalb weniger Minuten vom Wasser getrennt. Am Ende erscheint das Öl: herrlich, dicht und golden. Es wird, nach Sorten getrennt, in Edelstahltanks gelagert, wo es kurz ruht. Nun ist die Stunde des Meisters gekommen, denn nun gilt es, mit Geruchs- und Geschmackssinn, die eigene(n) Cuvée(s) herzustellen. Wenn diese heikle Aufgabe bewältigt ist, werden die Crus licht- und wärmegeschützt bis zur Abfüllung in weiteren Edelstahltanks gelagert. Diese wird dann – Stabilität und Qualität verpflichten – der Nachfrage entsprechend vorgenommen.

Zwischen diesen beiden Extremen wird von traditionsbewussten Erzeugern, die sich der Legende des Olivenöls verbunden fühlen, noch ein weiterer Weg beschritten. Unter Berücksichtigung der strengen Hygiene-Auflagen der EU haben sie sich – zumeist mit gutem Erfolg – entschlossen, alte und neue Verfahren zu kombinieren. So haben sie für den Mahlvorgang die Mahlsteine aus Granit oder Stein erhalten, haben jedoch die Zeit verringert, sodass jegliche Erwärmung des Olivenbreis vermieden wird. Zusätzlich verwenden sie dann aber Knetmaschinen und Zentrifugen.

In einigen griechischen oder italienischen Plantagen wurde die Presse durch die so genannte Silonea ersetzt. Hierbei werden Edelstahlplatten in den Brei getaucht, von denen dann langsam feine Tropfen puren Öls herabrinnen. Das für das

*Öl äußerst sanfte und komfortable Verfahren ergibt jedoch keine sonderlich hohen Erträge und wird entsprechend selten verwendet. Neben der Qualität der Oliven, die unmittelbar nach dem Eintreffen in der Mühle kontrolliert wird, wird die Qualität und der gute Ruf eines Öls vom Talent des Ölmüllers bestimmt.*

*Oliven können vor dem Pressen nicht lange gelagert werden, da Oxidation und Fermentierung den Geschmack verändern würden. So findet dann auch vom Augenblick der Ernte an ein wahrer Wettlauf gegen die Zeit statt. Tatsächlich schreiben die meisten Auflagen der A.O.C. vor, dass zwischen der Ernte und der Ankunft der Früchte in der Mühle höchstens vier Tage verstreichen dürfen. Einige Olivenanbauer geben sich selbst höchstens 24 Stunden.*
*Andererseits haben sich einige Erzeuger und Ölmüller auf der Suche nach neuen Geschmacksnuancen von dieser neuen Schule abgewandt, um stattdessen auf Lagerung und somit kontrollierte Fermentierung zu setzen. Ihr äußerst aromatisches Öl erinnert an die dickflüssigen und kräftigen Erzeugnisse aus früherer Zeit. Sie sind bei manchen durchaus beliebt, werden jedoch selten als Extravergine anerkannt.*

Blitzblanke Wände und beeindruckende Präzisionsmaschinen: Das Olivenöl des 21. Jahrhunderts wird nach den Kriterien der Europäischen Union gewonnen.

# Abfüllung und Lagerung

Olivenöl ist ein empfindliches Produkt und muss mit großer Sorgfalt abgefüllt werden. Auch steigert sich – im Gegensatz zum Wein – die Qualität von Olivenöl mit zunehmendem Alter nicht. Es sollte möglichst optimal vor Wärme, Luft und Licht geschützt werden. Hierzu wird dunkles Glas empfohlen, das die UV-Strahlen filtert. Die Flasche kann auch mit Aluminiumfolie eingekleidet werden. Metallbehälter, wie sie häufig in Spanien verwendet werden, sind ebenfalls geeignet. Sie entsprachen lange Zeit nicht dem Kundengeschmack, setzen sich jedoch allmählich durch. In Italien wird Olivenöl zumeist in Kanistern erworben. Es ist nicht die eleganteste Wahl, aber jene der besten Konservierung.

Schlecht gelagertes Olivenöl kann oxidieren, ranzig werden, verderben und Gerüche entwickeln. Daher empfiehlt sich eine Lagerung an einem trockenen Ort bei Temperaturen zwischen 15 und 18 °C. Das Gefäß sollte stets wieder verschlossen und nicht im Kühlschrank aufbewahrt werden.

Nachdem das abgefüllte Öl die Mühle verlassen hat, entwickelt es sich relativ schnell. In den darauf folgenden zwei Monaten steigert sich die Qualität noch, es sollte jedoch innerhalb von 18 Monaten nach dem Abfüllen verbraucht werden, da es sonst ranzig wird. Leider kann nicht ausgeschlossen werden, dass das Öl vor der Abfüllung bereits relativ lange gelagert wurde, daher ist das auf der Flasche angegebene Verfallsdatum der verlässlichste Hinweis. Aromatisierte Öle sollten noch zügiger verbraucht werden.

## Tipps und Tricks einer Italienerin

Carla lebt in Turin. Die Familie ihres Mannes besaß lange Zeit eine Olivenbaumplantage und eine Ölmühle in der Toskana. Auch heute noch bezieht sie ihr Öl direkt bei einer Mühle, nun in Ligurien. Meistens kauft sie Öle in drei unterschiedlichen Qualitäten, die sie unterschiedlich einsetzt.

Das Öl in bester Qualität wird niemals erhitzt, sondern für Rohkost und Salate verwendet. Mit dem zweitbesten Öl wird zum Beispiel Gemüse gegart, das dritte, das sie ebenso gut im Supermarkt kaufen könnte, dient ausschließlich zum Frittieren.

Es ist in der Familie üblich geworden, Olivenöl in Kanistern, früher aus der Toskana, nun aus Ligurien, mitzubringen und es zu Hause abzufüllen. Im Kanister selbst wird danach kein Öl aufbewahrt, da die Qualität beeinträchtigt werden könnte.

Damit die Aromen optimal erhalten bleiben, empfiehlt Carla einen trockenen, lichtgeschützten Ort. Das Öl wird bei ihr niemals in durchsichtige Flaschen abgefüllt, sondern in dunklen oder solchen, die mit Aluminiumfolie umwickelt wurden.

## Das Etikett

Die Welt des Olivenöls ist fast genauso komplex wie jene des Weins. Zu den Bewertungskriterien zählen etwa die – von der EU strengstens reglementierten – Herstellungsverfahren, die Olivensorte, das Anbaugebiet und das Fachwissen des Erzeugers. Das Lesen des Etiketts ist nicht immer leicht. A.O.C., A.O.P., I.G.P., Erste Kaltpressung, Natives Olivenöl extra, u. v. m. Für den Laien ist es häufig schwer, hier den Überblick zu behalten. Gelegentlich enthalten die Etiketten rein kommerzielle Angaben, die keinerlei wirklichen Sinn haben. So

erübrigt sich heute beispielsweise die Angabe »Erste Kaltpressung«, da es keine weiteren Pressungen gibt. Lediglich die Angabe »Natives Olivenöl extra« ist wichtig, da sämtliche Öle, die dieser Kategorie angehören, heutzutage bei niedriger Temperatur gewonnen werden, in der Regel bei Temperaturen knapp unter 30 °C.

Die Bezeichnung »Muttertropfen« – so poetisch sie auch klingen mag – bedeutet heute auch nichts mehr. Sie stammt aus der Zeit, in der man noch Pressmatten aus Naturfasern zur Gewinnung von Olivenöl verwendete. Als »Muttertropfen« wurde jenes Öl bezeichnet, das auf natürliche Weise vor dem Betätigen der Presse aus den Pressmatten tropfte.

Einige Angaben müssen jedoch zwingend auf dem Etikett erwähnt werden. So etwa die Appellation oder Angaben zur geschützten Herkunft (wenn es sie denn gibt), das Abfülldatum, das Verfallsdatum (das für »Natives Olivenöl extra« nicht über 18 Monate, für »Natives Olivenöl« nicht über 12 Monate hinausgehen darf) und die Kategorie (»Natives Olivenöl extra«, »Natives Olivenöl« usw.). Falls es sich nicht um eine Appellation oder eine geschützte Herkunftsbezeichnung handelt, ist die Angabe der Herkunft hingegen freigestellt. Das Gleiche gilt auch für das Datum der Pressung und den Nährstoffgehalt. Auch das Jahr, in dem das Öl gewonnen wurde, die verwendete(n) Olivensorte(n) oder ihre Herkunft müssen nicht zwingend auf dem Etikett vermerkt werden. Dies führt in Frankreich zu durchaus absurden Situationen: Für den Vermerk »Produit de France« muss das Öl lediglich in Frankreich gepresst worden sein. Der Herkunftsort der verwendeten Oliven ist irrelevant. Selbst wenn das Öl im Ausland erworben und in Frankreich abgefüllt wurde, darf es laut Gesetz den Vermerk »Produit de France« tragen.

In Italien war die Situation lange Zeit ähnlich irreführend. Seit der neuen EU-Verordnung 01/2152, die seit November 2001 in Kraft ist, muss ein italienisches Olivenöl heute aus italienischen Oliven extrahiert sein.

Die meisten der in Europa angebotenen Olivenöle, selbst die weniger teuren, werden als Extravergine-Öle bezeichnet. Entsprechend reicht diese Norm nicht aus, um die Qualität des Produkts zu gewährleisten. Es kann als Mindestanforderung für qualitätsbewusste Verbraucher gelten, doch müssen sich diese darüber hinaus auf die Spitzenprodukte – die so genannten Crus –, auf die Marke und das Vertriebsnetz verlassen oder ihr Öl möglichst direkt beim Erzeuger erwerben.

## Weiße Bohnen mit Salbei

Für vier Personen

### Zutaten

1 kg frische weiße Bohnenkerne
3 frische Salbeiblätter
4 Knoblauchzehen, ungeschält
Salz, Pfeffer aus der Mühle
Olivenöl

Die Bohnen in einem großen Kochtopf mit der dreifachen Wassermenge zum Kochen bringen und den Schaum abschöpfen. Salzen. Salbei und Knoblauchzehen zufügen. Auf kleiner Flamme etwa 1 Stunde weiterköcheln lassen, bis die Bohnen gar sind. Bei Bedarf noch etwas nachgaren, aber auf keinen Fall verkochen lassen.
Gegen Ende der Garzeit pfeffern, überschüssiges Wasser abgießen. Kurz vor dem Servieren einen kräftigen Schuss Olivenöl darüber geben.

*Die Flasche Olivenöl gehört anschließend selbstverständlich mit auf den Tisch.*

## Bruschetta mit Knoblauch

Für vier Personen

### Zutaten

4 Scheiben toskanisches Weißbrot, (oder wenig gesalzenes Weißbrot)
4 frische Knoblauchzehen, geschält
Olivenöl
Grobes Meersalz

Die Brotscheiben rösten, bis sie eine goldbraune Farbe annehmen. Jede Scheibe mit jeweils einer Knoblauchzehe einreiben, salzen und mit Olivenöl beträufeln. Bei Bedarf mit Salz nachwürzen.

*Bruschette können auch mit Tomatenfruchtfleisch oder Pesto garniert werden. Sie eignen sich ideal als Aperitifhappen oder für den kleinen Hunger zwischendurch.*

# Tagliatelle mit Zucchiniblüten

Für vier Personen

## Zutaten

400 g Tagliatelle
4 Zucchiniblüten
4 EL Olivenöl
Grobes Salz, Pfeffer aus der Mühle

In einem großen Topf ausreichend Wasser zum Kochen bringen. Unmittelbar nach dem ersten Aufkochen die Pasta hineingeben und gemäß den Angaben auf der Packung *al dente* garen. Die Nudeln durch ein Sieb abgießen, dabei etwas Nudelwasser auffangen und warm halten.
Während die Nudeln garen, in einem weiteren Topf erneut etwas Wasser zum Kochen bringen und beim ersten Aufkochen die Zucchiniblüten wenige Sekunden darin blanchieren. Unmittelbar anschließend unter eiskaltem Wasser abschrecken.
Die Tagliatelle auf Tellern anrichten, mit dem warmen Nudelwasser und mit einem großzügigen Schuss Olivenöl übergießen. Salzen und pfeffern. Mit einer Zucchiniblüte dekorieren und unverzüglich servieren.

*Dabei gehört selbstverständlich auch die Flasche Olivenöl mit auf den Tisch.*

# Panzanella

Für vier Personen

## Zutaten

500 g italienisches Weißbrot
vom Vortag (sehr wenig gesalzen),
oder wenig gesalzenes, dichtes
Weißbrot mit schöner Kruste
4 sehr reife Tomaten
8 getrocknete und in Olivenöl
eingelegte Tomaten
1 Sträußchen Basilikum
oder andere Kräuter
Salz, Pfeffer
Olivenöl
Saft einer Zitrone

Das Weißbrot würfeln, mit etwas Wasser beträufeln und mit einer Gabel zerdrücken. Das Weißbrot in eine Salatschüssel geben. Die Tomaten entkernen und vierteln. Die getrockneten Tomaten aus dem Öl nehmen und klein schneiden. Das Basilikum beziehungsweise die Kräuter hacken. Die Zutaten von Hand locker mit dem Brot vermischen. Salzen und pfeffern. Das Olivenöl darüber verteilen. Erneut alle Zutaten von Hand vermischen und den Salat eine Stunde im Kühlschrank ziehen lassen. Abschmecken und bei Bedarf mit Salz und Olivenöl nachwürzen. Zum Schluss mit etwas Zitronensaft beträufeln.

# Spaghetti mit Pesto

Für vier Personen

## Zutaten

400 g Spaghetti
Salz

Für das Pesto:
1 Knoblauchzehe, geschält
(ggf. Keim entfernt)
2 EL Pinienkerne
2 Sträußchen Basilikum
70 g geriebener Parmesan
10 cl Olivenöl
Grobes Salz

Zunächst wird das Pesto bereitet: In einem Mörser den Knoblauch und die Pinienkerne zerstoßen, bis eine Paste entsteht. Anschließend die gewaschenen und trockengetupften Basilikumblätter mit Salz und Parmesan im Mörser zerstoßen und untermischen. Wenn eine homogene Masse entstanden ist, das Olivenöl in feinem Strahl zufügen und unterrühren. Beiseite stellen.

Ausreichend Salzwasser zum Kochen bringen. Beim ersten Aufkochen die Spaghetti hineingeben und, sobald das Wasser wieder kocht, die Pasta in der auf der Packung angegebenen Zeit *al dente* garen lassen. Abgießen und dabei etwas Nudelwasser auffangen und warm halten.

Das Pesto in den Tellern verteilen und die heißen Spaghetti darauf geben. Alles gut durchmischen, ein wenig Nudelwasser hinzufügen, erneut vermischen und mit Parmesan und Olivenöl unverzüglich servieren.

*Wenn kein Mörser zur Hand ist, kann das Pesto auch im Mixer zubereitet werden. Dazu alle Zutaten hineingeben und vermischen, bis eine homogene Masse entsteht.*

# Frankreich –

## Tradition neu belebt

**Der Olivenbaum, von den Franzosen seit den großen Frösten zu Beginn des 20. Jahrhunderts nur wenig geschätzt und lange zugunsten von Wein und Obstanbau vernachlässigt, erwacht zurzeit zu neuem Leben. Von Nyons bis Nizza schlägt er erneut Wurzeln, während die OLIVERONS, die französischen Olivenbauern, sich auf ihr Handwerk zurückbesinnen.**

Im sechsten Jahrhundert vor Christus gründeten die Griechen das heutige Marseille unter dem Namen *Massalia* und pflanzten dort auch die ersten Ölbäume. Später verbreiteten die Römer die Kultur des Olivenbaums an den französischen Mittelmeerküsten. So erstreckten sich die Anbaugebiete schon bald von Nizza im Osten bis Perpignan im Westen und von Valence im Norden bis Korsika im Süden. Die sehr unterschiedlichen klimatischen und geographischen Bedingungen haben in diesen Regionen die Entwicklung einer großen Vielfalt an Olivensorten begünstigt, was wiederum das reichhaltige, sehr breit gefächerte Angebot der französischen Olivenöle erklärt.

Auf dem Höhepunkt, im 19. Jahrhundert, galt die Kultur des Ölbaums als wichtigster Wirtschaftszweig in Südfrankreich. Die lohnendere Weinkultur verdrängte den Olivenbaum jedoch rasch von den Anbauflächen und stürzte den Olivenanbau in eine schwere Krise, von der er sich nur langsam wieder erholte.

Andere pflanzliche Öle übernahmen die Marktanteile des Olivenöls und die Bauern betrachteten ihre Olivenhaine nicht länger als eine sichere Einkommensquelle. Sie gaben sie nicht auf, ließen sie jedoch an zweite Stelle rücken und vernachlässig-

*Es ist Winter und dennoch vermögen die ersten Sonnenstrahlen die Spuren des milden Nachtfrosts im Nu zu verwischen.*

*In den Olivenhainen der Vallée des Baux begutachtet ein Bauer vor der Ernte seine Früchte.*

*Ein alter Olivenbaum in seiner natürlichen Umgebung.*

*Folgende Seiten:*
*Der Olivenbaum wird auch als Gartenbaum genutzt. Hier wird dann vor allem auf seine ästhetischen Qualitäten Wert gelegt und er wird gepflegt und gewässert wie ein Rosenstamm.*

ten ihre Pflege. Zwei besonders harte Winter – 1929 und 1956 – wirkten sich verhängnisvoll aus und schienen das Ende dieser traditionellen Kultur einzuläuten. Zwei Drittel der französischen Ölbäume wurden damals zerstört. Maßnahmen zu ihrer Rettung unterblieben, und, schlimmer noch, die Bäume wurden häufig gerodet. Die Landwirtschaft veränderte sich und wurde nunmehr von Rebflächen und Obsthainen beherrscht. Es schien, als wäre der Olivenbaum schon bald nur noch eine Erinnerung, ein Baum, dessen Spuren man nur bei den Dichtern, die ihn besungen haben, oder auf den Leinwänden der Maler, die ihn mit Liebe zum Detail dargestellt haben, finden könne. Auch die Landschaft veränderte sich, und der Ölbaum mit seinen schönen, immergrünen, silbrig schimmernden Blättern fehlte. Die Natur war im Winter völlig kahl. Die blattlosen Feigenbäume, Platanen und Obstbäume boten einen traurigen Anblick, und gewiss war es dieses Bild der Trostlosigkeit, das den Baum der Götter schließlich gerettet hat.

Mit lokaler und später nationaler Unterstützung nahmen einige Olivenbauern die Herausforderung der Instandsetzung an. Sie pflanzten, pflegten und produzierten, organisierten sich, gründeten Gewerkschaften, Berufsverbände und Genossenschaften. Und die Rückkehr des Olivenöls in den Mittelpunkt des Interesses belohnte sie schon rasch für ihre Anstrengungen.
Rebstöcke und Ölbäume teilten sich häufig die Anbauflächen einer Region oder eines Gutes. Während der Rezession in der Olivenölproduktion wurden die Olivenhaine, die weniger Pflege als die Weinstöcke benötigen, zaghaft, aber traditionell unterhalten. Die bescheidenen Erträge stellten für den Winzer ein zusätzliches Einkommen dar, und er konnte die Arbeitskräfte auch nach der Weinlese und während des Winters beschäftigen.

Die Befürworter des gemeinsamen Anbaus beider Kulturpflanzen hatten erfolgreich gelernt, die Erträge der Rebflächen zu steigern und die Qualität des Weins zu verbessern, und wandten sich mit demselben Ehrgeiz nun dem Olivenanbau zu. Sie beschlossen, hier die gleichen Prinzipien wie beim Weinanbau anzuwenden.
Die vernachlässigten Olivenhaine wurden wieder gepflegt und die Produktion rationalisiert, aber der große Wandel vollzog sich nicht nur auf den Anbauflächen. Die Erzeuger wandten nun auch die neuesten Verarbeitungsverfahren an und führten eigens auf ihr Produkt abgestimmte Vermarktungsstrategien ein. Gleichzeitig sind die Olivenbauern bemüht, die neuen EU-Richtlinien genau einzuhalten. Es entstand ein neuer Typ von Olivenbauern. Sie nannten sich fortan *Oliverons*, in Anlehnung an die *Vignerons*, jene Winzer, bei denen sie in die Lehre gegangen sind.

Dieser Sinneswandel zieht in Südfrankreich große Veränderungen nach sich. Ganze Güter geben dem Olivenanbau den Vorzug, vergrößern die Anbauflächen und pflanzen neue Sorten, die sie für die Produktion ihrer eigenen Olivenöle für besser geeignet halten. Die Gewinnung von Olivenöl erfährt eine derart große Begeisterung, dass bekannte Persönlichkeiten ihr Geld in diesen Wirtschaftszweig investieren, um ihr ganz persönliches Olivenöl zu erzeugen (oder. erzeugen zu lassen). Diese Entwicklungen beleben auch die einzelnen Regionen. Mit der Begeisterung der Verbraucher, die wahre Kenner geworden sind, nimmt auch der Fremdenverkehr zu. Momentan befindet sich der französische Olivenölsektor in einer Phase der Umstrukturierung. Verglichen mit den Giganten Spanien und Italien ist er ein Zwerg, will jedoch die Anbauflächen im Rahmen des Möglichen vergrößern und vor allem die Qualität verbessern.

# Château d'Estoublon

## Zusammenspiel von Jugend und Tradition

Es ist kalt, aber den kurzen Tag über war der Himmel strahlend blau. Die Olivenernte neigt sich ihrem Ende zu. Die Olivenpflücker, die so genannten *Oliveurs*, ernten die letzten Früchte mithilfe eines langstieligen Holzkamms. Vorsichtig lassen sie die Steinfrüchte in ein leichtes Netz fallen, das um den Baum herum gespannt ist. Die Oliven werden verlesen und gewogen, von Blättern und Reisig befreit, von Hand gesäubert und in Lattenkisten verpackt unverzüglich zur Mühle gebracht. Der Hausherr, Rémy Reboul, hat blondes, etwas struppiges Haar. Seine Nase ist von der Kälte gerötet. Er ist aus reiner Freude anwesend – wie immer. Seiner Heimat, der Schweiz, hat er den

Rücken gekehrt, um sich ganz dem Anbau der Oliven zu widmen.
Seine Aufgabe heute lautet, die Qualität der Arbeit während der Ernte und die der gerade geernteten Oliven zu kontrollieren. Diese werden innerhalb von 24 Stunden zermalmt und gepresst, schneller, als es die Richtlinien der A.O.C. Vallée des Baux-de-Provence erfordern.

Weihnachtliche Girlanden lassen die karge Fassade des Château d'Estoublon angenehm warm erscheinen. Es stammt aus dem 18. Jahrhundert, ist noch vollständig erhalten und mit einem einzelnen, massiven, gedrungenen Turm versehen. Eine grazile, schmiedeeiserne Treppe durchbricht die Nüchternheit des Gebäudes und scheint in luftige Höhen entschwinden zu wollen. Das Gebäude soll

*Auf der privaten Seite des Château d'Estoublon kann sich der Charme der Nostalgie in vollen Zügen entfalten.*
*Über einem früheren Mahlstein erhebt ein alter Olivenbaum seine ausgezehrten Äste.*

*Zum Anwesen führt eine prachtvolle Allee.*

später, wenn die Rebstöcke und Ölbäume weniger umsorgt werden müssen, restauriert werden.

Die Familie Reboul-Schneider ist dem spröden Charme dieses Guts verfallen und erwarb es im Januar 1999. Valérie und Rémy kümmerten sich in erster Linie um die Erneuerung der Olivenpflanzungen, doch ihr Anliegen war wesentlich ehrgeiziger: Für Olivenöl ist ihrer Meinung nach nichts schön genug und so entschlossen sie sich, auf den Ländereien Nebengebäude zu errichten, die heute den Eindruck erwecken, schon immer dort gestanden zu haben. Auch ließen sie Keller ausheben, in denen sie ihre wertvollen Erzeugnisse lagern können. Der Ehrenhof, der mit hundertjährigen Olivenbäumen und Platanen bestanden ist, wurde ebenfalls wieder hergerichtet.
Im Inneren des Schlosses wurden große Räume mit gewaltigen Kaminen geschaffen sowie eine riesige Küche, für die sie einen talentierten Koch einstellten. So fand Estoublon innerhalb von drei Jahren zum Glanz vergangener Jahrhunderte zurück.

Die 6700 Olivenbäume, die über 48 Hektar verteilt sind (Estoublon zählt zu den größten landwirtschaftlichen Betrieben der Vallée des Baux-de-Provence), werden mit der größten Sorgfalt bewirtschaftet. Das Anliegen des jungen Paares ist es, nicht nur das Anwesen zu neuem Leben zu erwecken, sondern auch Neuerungen voranzutreiben. Hierzu setzen sie auf ihr Land, die Olivenbäume, die Früchte und ihre fortwährende Arbeit.

*Die frisch geernteten Oliven werden unverzüglich zur Ölmühle gebracht. Dort werden sie zermahlen und gepresst. Das frisch gewonnene Öl wird in Tanks gelagert, bevor es dann im Schloss abgefüllt wird.*

Das Öl soll von Anfang an ausschließlich aus den eigenen Oliven gewonnen werden. Die Sorten *Grossane, Salonenque, Beruguette* und *Picholine* werden je nach Reife zu unterschiedlichen Zeiten gelesen. Die Verschnitte ihrer Öle lassen Persönlichkeiten entstehen, die der gesamten Produktion zu Eigen ist.

Nach jedem Versuch, jeder Begutachtung und Verkostung wird das Konzept noch verfeinert. Und ihre Politik zahlt sich aus: Die Öle von Estoublon sind von unbestechlicher Qualität und werden für ihre vollkommen neuen Aromen, die der Reinheit der Olive sehr nahe kommen, gerühmt.
Hierzu haben sie eigene Arbeitsverfahren festgelegt: In ihren Olivenhainen wird ausschließlich von Hand geerntet. Zur Gewinnung des Öls werden einzig die eigenen Oliven verwendet. Das Dekantieren, Verschneiden und Abfüllen geschieht im Schloss selbst.
Valérie überwacht aufmerksam die stetig wachsende Qualität und Einzigartigkeit ihrer Öle. Doch gibt sie sich nicht damit zufrieden, ihre eigenen Spitzenerzeugnisse, die *Crus*, zusammenzustellen, sie lädt auch Olivenölliebhaber ein, ihrem Beispiel zu folgen, und stellt ihnen hierzu mehrere sortenreine Öle zur Verfügung, mit denen dann eigene Mischungen komponiert werden können.

*Auf Leitern sammeln Pflücker die Oliven von Estoublon von Hand mit einem Kamm ab. Sie fallen in große Netze, die rings um die Bäume gespannt sind.*

*Valérie ist sowohl die Nase als auch der gute Geist von Estoublon: Sie wacht über die Abfüllung des Öls in nummerierte Flaschen von vollkommener Schlichtheit, die mit Siegellack verschlossen werden.*

HUILE D'OLIVE
Le Château
Sur la Route de
13156 Fontvieille
TEL: +33 4 90 54 64 00
04GRO
GROSSANE

# Montfrin

## Ein Graf geht eigene Wege

Anderes Schloss, andere Philosophie. Jean-René de Fleurieu hat beschlossen, zu seinen Reben und Olivenbäumen zurückzukehren, für die er eine wahre Leidenschaft hegt. Obwohl das Gebäude etwas heruntergekommen ist, geht von ihm doch ein unglaublicher Charme aus. Elegant und edel ist dieses Gemäuer, das von zwei steinernen Löwen bewacht wird.

*Der feudale Eingang zum Château de Montfrin. Wohlwollend und majestätisch erhebt sich das unter Denkmalschutz stehende Anwesen über dem Dorf.*

Der Graf, der sich vor der Rückkehr auf sein Anwesen in der Mode- und Filmbranche einen Namen gemacht hatte, lässt sich nur schwer einschätzen. Äußerlich scheint er sehr gelassen und

*Im Salon posiert der Graf mit einem seiner Crus in einer schnörkellosen Bordeaux-Flasche: Sein Olivenöl spricht für sich selbst.*

*Ein schlichtes und dennoch prächtiges Mahl steht bereit. Olivenöl, Wein und Salz – Leben wie Gott in Frankreich.*

*Das Riesenspielzeug des Jean-René de Fleurieu. Die technologische Wundermaschine, die wie eine Kreuzung aus Mähdrescher und Weinlesemaschine daherkommt, wird von einem einzigen Mann bedient, der auf diese Weise an einem Tag mehrere Hektar Olivenbäume abernten kann.*

*Der Olivenbaum gewinnt in Frankreich allmählich an Boden: so etwa in der Provence und im Hérault, in den Cevennen und der Gegend um Corbières. In Montfrin erweitert Jean-René de Fleurieu seinen Olivenhain mit jungen Pflanzen aus Italien.*

doch vollzieht er hier seine eigene Revolution. Sein Ziel ist es, auf seinen sechzig Hektar ein qualitativ hochwertiges Öl zu einem äußerst akzeptablen Preis herzustellen. Das Konzept ist aufgegangen und sein Öl erntet heute großes Lob.

Entscheidend war der Schritt zu modernen Produktionsverfahren. Die Ölbäume wurden hierzu, nach dem Modell der Obstplantagen, in Reihen gepflanzt. Anschließend befasste sich Jean-René de Fleurieu mit dem Schnitt, der einmal jährlich mit absoluter Sorgfalt durchgeführt werden muss. Die Bäume dürfen eine Höhe von zwei Metern nicht überschreiten, damit die Maschinen mit hundertprozentiger Effizienz eingesetzt werden können.
Sämtliche störenden Triebe werden systematisch entfernt, sodass sie die anderen nicht behindern.

Die Bewässerung geschieht tropfenweise. Zur Steigerung der Produktivität werden die Oliven mit einer Maschine geerntet, wie sie ähnlich auch bei der Weinlese verwendet wird.

De Fleurieu zögert zwar nicht, bei Bedarf auf Spritzmittel zurückzugreifen, doch als Anhänger einer ökologisch vertretbaren Landwirtschaft versucht er, es zu vermeiden. Eine seiner Entscheidungen hat jedoch bei einigen Kollegen in der Region für Unmut gesorgt: Er hat sich gegen die Kultivierung einiger örtlicher Sorten entschieden, die ihm zu geringe Erträge liefern, und baut stattdessen die spanische *Arbequina* und die toskanische *Frantoio* an. Offensichtlich geht Jean-René de Fleurieu ungeachtet der Hindernisse seinen Weg. Er benötigt in seiner Plantage nur einen einzigen Arbeiter für die Ernte und das Verlesen der Oliven, ebenfalls ein einziger Arbeiter bringt die Früchte zum Château Virant, seinem Ölmüller. Es vergehen kaum einige Stunden zwischen dem Augenblick der Ernte und jenem des Zermalmens der Früchte. Der Rest ist eine Frage des Geschmacks und des Feingefühls: Das Markenzeichen des Grafen ist ein feuriges, kräuterbetontes Öl. Aus Kostengründen ist die Präsentation ähnlich schlicht, aber effektiv gehalten. Das Olivenöl wird in einer Bordeaux-ähnlichen Flasche abgefüllt: dunkles Glas, elegante Silhouette und minimalistisches Etikett mit den wesentlichen Angaben. Das Olivenöl des Château Montfrin besitzt kein A.O.C., doch kümmert dies den Gutsherrn nicht wirklich. Sein Erzeugnis ist schön. Das reicht ihm zum Leben.

# Château Virant

## Eine schöne Familiengeschichte

*Christine sei Dank: Das exquisite Öl von Château Virant wird in eleganten Flacons präsentiert.*

*Zwischen Licht und Schatten stehen die Oliven zum Zermahlen bereit.*

*An der kargen Fassade von Château Virant bildet der Balkon ein einzelnes verspieltes Element, die Uhr darüber will fast zeitlos erscheinen.*

Seit Generationen gehört das Land um Aix-en-Provence der Familie Cheylan. Nach dem großen Frost von 1956 hatte sich Henri (der Großvater) bereits mit aller Kraft für den Erhalt der provenzalischen Olivenhaine eingesetzt, die die Bauern rodeten, um dort die weitaus lukrativeren Reben zu pflanzen. Im Jahr 1974 erwarben dann Robert und Noëlle Cheylan das Gut Château Virant, das nach dem nackten, blassgrauen, nahezu weißen Fels benannt ist, der sich in der Mitte des Hügels über 110 Hektar Rebflächen und 21 Hektar Ölbäumen erhebt. Wenngleich das Gut nach wie vor in erster Linie Wein produziert, ist die Gewinnung von Olivenöl innerhalb weniger Jahre zum

1631
1892
CHATEAU-VIRANT
1897

Aushängeschild von Christine Cheylan geworden, die würdevoll das Erbe ihres Vaters angetreten hat. Er war es, der sie in dieses Abenteuer gestürzt hat. Nach der Promotion in Betriebswirtschaft strebte sie, noch sehr jung, eine Professur an. Ihr Vater vertraute ihr jedoch überraschend die Organisation seiner vor kurzem installierten Ölmühle an. Sie nahm das Angebot an und entdeckte ihre Liebe zum Olivenöl. Ihre Ausbildung erfolgte von der Pike auf, mit der Unterstützung des Berufsverbandes der Olivenbauern Afidol (Association française interprofessionnelle de l'olive). Das Öl von Château Virant wurde zu einem international umjubelten Spitzenprodukt, gekrönt von zahlreichen Goldmedaillen. 2002 und erst vor kurzem wieder, 2004, wurde Christine Cheylan als beste Ölerzeugerin Frankreichs ausgezeichnet.

Diesen Erfolg verdankt sie der Familie: ihren Eltern, ihrem Ehemann, dem Bruder und der Schwägerin, denn die Familie Cheylan lebt und arbeitet in wirtschaftlicher Selbstständigkeit. Neben den Olivenplantagen besitzen sie eine Mühle und die notwendige Abfülltechnik. Nichts wird dem Zufall überlassen. Hier treffen sich Tradition und Innovation: So werden die Oliven *(Salonenque, Aglandau, Grossane* und *Picholine)* mit einem elektrischen Kamm geerntet. Das Mahlen und Pressen geschieht in der eigenen Mühle, das Mischen erfolgt ebenso wie die Abfüllung im eigenen Betrieb unter der Leitung von Christine. Das Ergebnis ist erstaunlich: Ihr A.O.C. Aix-en-Provence (zu etwa 80 bis 90 % *Salonenque* und *Aglandau,* zusammen mit den beiden örtlichen Sorten *Grossane* und *Picholine)* ergibt ein komplexes, lebhaftes, edles Öl, das während der gesamten Verkostung mit Überraschungen aufwartet: relativ feurig im Abgang besitzt es Aromen von frisch gemähtem Gras, Mandeln, grünen Äpfeln und Tomaten.

# Moulin Castelas

## Ein modernes Paar am Werk

*Die beeindruckenden uralten Felsen von Les Baux erheben sich über den jungen Ölbäumen des Moulin Castelas.*

*Natürlichkeit ist das Markenzeichen der Hugues, was sich auch in ihren einfachen, doch edlen Flaschen widerspiegelt.*

In jungen Jahren sind die Winzerstochter Catherine und der Sohn einer Bauernfamilie Jean-Benôit Hugues (sie als Naturwissenschaftlerin, er als Ingenieur) nach Kanada ausgewandert. Nach fünfzehn Jahren verkauften sie ihr Unternehmen und kehrten nach Frankreich zurück. Sie ließen sich in Saint-Rémy-de-Provence nieder. Dort richteten sie einen brachliegenden, einen Hektar großen Olivenhain wieder her und lernten alles über Schnitt und Ernte. Von Tag zu Tag wuchs ihre Begeisterung für die Tätigkeit.

Schon bald erweiterten sie ihren Besitz um alte, gepflegte Olivenplantagen, die sechs Hektar von Castelas und später auch die dreißig von Les Beaumettes. Sie übernahmen nun die Leitung eines Guts und widmeten sich ihm mit Leib und Seele.

Mit dem Ziel, sämtliche Produktionsphasen kontrollieren zu können, errichteten sie auf ihren Ländereien eine Ölmühle. Diese ist anders als alle anderen: Sie erstreckt sich, in Anlehnung an die Weinkellereien, über zwei Stockwerke. Diese Eigenart erlaubt es, die Oliven im obersten Stockwerk entgegenzunehmen, wo sie verlesen, gewaschen und zermalmt werden. Das Öl tropft anschließend, dem Gesetz der Schwerkraft folgend, in Edelstahltanks, die sich im Keller befinden.

Die Cuvée (aus *Salonenque, Aglandau, Grossane* und *Verdale)* nehmen die Hugues selbst vor.

Das mehrfach preisgekrönte Öl entspricht ihren Vorstellungen: Es duftet nach frisch gemähtem Gras, zeigt sich fein und feurig und entwickelt nach und nach Aromen von Äpfeln und Artischocken, wie sie für die Erzeugnisse der Vallée des Baux-de-Provence typisch sind.

CastelaS
75 cl.
CastelaS
HUILE D'OLIVE
DE LA VALLÉE DES
BAUX DE PROVENCE
Vierge Extra
EXTRAIT À FROID
A.O.C.
50cl.

# Korsika – lebhaftes Inseltreiben

**Auf Korsika spielt der Olivenbaum in allen Lebensbereichen eine Rolle: in der Küche (wo sein Öl allen Speisen sein Aroma verleiht), im Kamin (mit seinem Holz wird im Winter geheizt), auf den Weiden (wo sich das Vieh von seinen Blättern ernährt) und in der Kirche (wo die Gläubigen an Palmsonntag einen Olivenzweig in den Händen halten).**

Im Landesinneren scheinen die Dörfer wie durch ein Wunder an den Berghängen befestigt. Entlang der kaum befahrbaren Wege stehen in wildem Durcheinander Feigenbäume, riesige Aloen, aufgeschossene Eukalyptusbäume und Mimosen, die ihre ersten Blüten öffnen. Der starke, dichte Duft der Macchia ist wechselhaft wie das Wetter – süß, bitter, kräuterwürzig, sauer und an manchen Orten sogar erdig.
Ein enger, steiniger Weg führt zur Olivenplantage, deren Grenzen mit Rundhölzern markiert sind.

Hinter dieser Grenze öffnet sich eine großartige, wilde, atemberaubende Landschaft. Das üppige Gras ist sattgrün, Irisblätter harren des Frühlings, um ihre Blüten zu treiben. Tausende von beeindruckenden Olivenbäumen fügen sich in die Rundungen und Mulden der Güter, die sich erstrecken, so weit das Auge reicht. Ihre knorrigen Stämme haben enorme Ausmaße, vereinen drei bis vier Stämme, sind ausgemergelt und unförmig oder, im Gegenteil, wie von zeitgenössischer Künstlerhand in Stein gehauen. An ihnen lässt sich ihr hohes Alter erkennen.
Bei einigen haben die Feuer des Sommers schwarze Narben hinterlassen, haben den Bäumen Verletzungen zugefügt, ohne sie jedoch zu zerstören. Andere, besonders betagte Exemplare, erinnern mit ihren Falten an alte Elefanten, ihre versteinerten Baumgeschwüre an das Auge eines Zyklopen. Sie sind souverän. Seit Jahrhunderten sind sie in dieser Erde verwurzelt und ihre Zweige biegen sich unter den Oliven.
Manche Bäume scheinen vom Himmel gefallen zu sein, als seien sie zufällig pikiert worden, während andere sich in perfekten Reihen präsentieren. Man stellt sich die Menschen vor, die vor sechshundert Jahren an diesem Berg an der Pflanzschnur entlang in regelmäßigen Abständen die jungen Ölbäume gesetzt haben, die sie mit Sicherheit nicht haben groß werden oder Früchte tragen sehen. Geduld, Mut und Hoffnung bedurfte es damals,

um sich die Olivenhaine, die wir heute bewundern, vorstellen zu können.

Kein Strommast und keine Telefonleitung stört das Bild, die Zivilisation scheint Lichtjahre entfernt. Braune Kühe und Schafherden bestimmen die Szenerie, ernähren sich von frischen Gräsern. Lautstark warten sie als wahre Feinschmecker auf das Ende der Olivenernte und den Tag, an dem die lästigen Netze endlich entfernt werden, sodass ihre Delikatesse, die Blätter der Olivenbäume, wieder in Reichweite rückt.
Die Tiere weiden friedlich um die *Pagliaghji* herum, jene kleinen Steinhäuschen, die vor langer Zeit von Bauern oder Schäfern aus vor Ort gefundenen Materialien errichtet wurden. Die Mauern sind dick, die klapprige Holztür ist zwar verwittert, doch mit einem wunderschönen, noch funktionsfähigen Schloss verziert, in dem ein schwerer, handgemachter Schlüssel steckt. Im Inneren bestehen die *Pagliaghji* aus einem einzigen Raum mit einem Boden aus gestampfter Erde. Hier fanden die Schäfer Unterschlupf bei Regen, konnten sich ausruhen und sich mit ihren Tieren aufhalten. Der einzige Luxus war ein Kamin in einer der Ecken. Nach der Arbeit bot er willkommene Wärme und die Möglichkeit, etwas Brot zu rösten, das sie mit frischem Schafskäse belegten und mit Olivenöl beträufelten.

Gäbe es nicht die Allradwagen, die am Eingang des Guts aufgereiht stehen, und die komplizierten Maschinen für die Olivenernte, würde man sich nach wie vor im 18. Jahrhundert wähnen.
Auf dem Gut brodelt es vor Betriebsamkeit. Die riesigen Netze sind auf dem Boden ausgebreitet. Die mit einem Rüttelkamm ausgerüstete Maschine, *oli picker,* ist im Einsatz. Die vollreifen, schön dunklen Oliven fallen zu Hunderten in die Netze. Nach

Sorten getrennt werden sie in kleinen, gut belüftbaren Kisten gelagert, bevor sie zur Mühle gebracht werden.
Daneben gibt es auch immer noch einige Olivenhaine, in denen die Bauern die Netze unter den Bäumen spannen und dann die Natur gewähren lassen. Sie warten, bis die Steinfrüchte reif genug sind und – zwischen Januar und Mai – von allein herunterfallen. Sie werden anschließend eingesammelt und zur nächstgelegenen Mühle gebracht. Diese – nicht mehr zeitgemäße – Methode des Erntens hat jedoch immer noch ihre Anhänger. Tatsächlich erlaubt sie es, ein mildes, dickflüssiges Öl zu gewinnen mit ausgeprägten Aromen von reifen Früchten, das ausgezeichnet zu raffinierten Soßengerichten passt.
Auf Korsika heißt es: »Die Olivenbäume waren schon immer da.« Tatsächlich wachsen sie seit Jahrtausenden in kleinen Gruppen in der freien Natur. Im veredelten Zustand haben sie sich dann weiterentwickelt. René Colombani, der Erbe dieser Ländereien, berichtet, dass zur Zeit der Großväter, vor den großen Bränden, der Wald stellenweise so dicht war, dass man im Hochsommer stundenlang in ihm gehen konnte, ohne auch nur ein einziges Mal den Himmel zu erblicken.

Viele Jahre lang haben die Korsen dieses Erbe, dessen Reichtum sie nicht ermessen konnten, nicht wirklich nutzbringend bewirtschaftet. Bestenfalls haben sie es für den Eigenverbrauch genutzt. Sie pflegten es doch nur mäßig und gaben sich damit zufrieden, dass die Bäume jedes zweite Jahr Früchte trugen.
Heute gibt es nur noch wenige große Olivenhaine auf Korsika. Die meisten sind kleine Betriebe, häufig Familienbetriebe, die über die ganze Insel, von den Küsten bis zu den Bergen, verstreut sind. Die Besitzer sind ihren jeweiligen Ritualen, Eigenheiten und ihrem Wissen in besonderer Weise ver-

*Das durchaus verwöhnte, frei laufende Vieh ernährt sich von duftenden Kräutern. Da die Blätter des Ölbaums für sie eine wahre Delikatesse darstellen, finden sie sich spätestens zur Zeit des Baumschnitts ein.*

*Hundertjährige Olivenstämme werden nicht selten zu knorrigen Märchengestalten …*

haftet. Das Festhalten an der Tradition soll die Qualität des Olivenöls erhalten. So werden denn auch alte Sorten angebaut *(Sabine, Picholine, Germaine, Biancaghja* und *Zinzala)*. Die vollreif geernteten Steinfrüchte, die hervorragend an das Klima wie auch an den Boden jeder einzelnen Region angepasst sind, machen den Charme und die Authentizität des örtlichen Olivenöls aus. Die korsische Produktion ist von einer Lage zur anderen sehr unterschiedlich. Sie kann grün sein, kräuterwürzig oder sehr fruchtig und besitzt unter anderem Aromen von Zitrusfrüchten, Macchia, Eukalyptus und Myrte.

Die Korsen kultivieren zwar weiterhin ihr Anderssein, betrachten ihre Olivenbäume nun aber mit einem liebevolleren Auge. Die Olivenhaine sind nun hervorragend bewirtschaftet, mit genügend Freiraum angelegt und neu bepflanzt, sodass jeder Baum unter optimalen Bedingungen gedeihen kann. Auch werden die Bäume zur Erlangung qualitativ hochwertiger Früchte bewässert. Neue Olivensorten aus Italien sind hinzugekommen, die Mühlen wurden restauriert oder an Orten, an denen sie fehlten, neu errichtet.
Die Erzeuger begegnen sich nicht als Konkurrenten, sondern haben sich in Genossenschaften zusammengeschlossen, wo sie – nunmehr unnachgiebig in Fragen der Qualität – ihre unterschiedlichen Meinungen diskutieren.
Die Anarchie ist passé und die höchstmögliche Belohnung ihrer Arbeit ließ nicht auf sich warten: Das korsische Olivenöl hat seine geschützte Herkunftsbezeichnung A.O.C. erhalten. Gleichermaßen Lebens- und Einkommensquelle für diese so schöne, aber anfällige Insel wird das korsische Olivenöl heute bis nach Japan exportiert.

# Oru de Balagna

## Vom Erbe jahrhundertealter Ölbäume

*Der Olipicker, ein mechanischer Kamm, rüttelt die Zweige der Olivenbäume, wodurch die Früchte in die Netze herabfallen. Das erste Verlesen geschieht dann nach wie vor von Menschenhand.*

*Die Flaschen der Genossenschaft Oru de Balagna sind in den Farben Korsikas gehalten.*

Die Genossenschaft wurde 1982 von sieben Genossenschaftsmitgliedern gegründet, die sich nach Anerkennung sehnten. Unter ihnen auch René Colombani, dessen Gut zu den schönsten der Insel zählt. Es umfasst zahlreiche Ölbäume, die mehrere Jahrhunderte alt sind, und erstreckt sich über sechzig Hektar. Es wurde René von seinem Vater hinterlassen, der sich zwar wenig darum gekümmert, es aber sehr geliebt hatte. In der Ferne sieht man Schafe weiden, einige Kühe versuchen, sich Einlass zu verschaffen: Das Gras am Fuß der Bäume scheint so viel zarter zu sein und die Blätter der Ölbäume sind für sie eine wahre Delikatesse. Hier empfängt uns René Colombani mit seinem

Hund Max, der ihm niemals von der Seite weicht. Er hat ein Picknick in der Schäferhütte vorbereitet, wo ein loderndes Kaminfeuer und regionaler Schinken, den ein Freund produziert hat, auf uns warten. An der von Wind und Wetter gezeichneten Tür ist ein Olivenzweig befestigt, der an Palmsonntag geweiht wurde und dort bis zum darauf folgenden Jahr verbleibt.

Heute ist Erntetag. Ein Neffe, ein Sohn und einige Arbeiter teilen unser Mahl, bevor die Netze unter den Bäumen gespannt werden. Später setzen sie die Erntemaschine in Gang, die mit einem Rüttelkamm ausgerüstet ist. Das riesige, sehr hohe Gerät hat Ketten, die es ihm erlauben, allen Unwägbarkeiten des Geländes zu trotzen, um die Bäume zu erreichen. Denn die Bäume wachsen hier, wie es ihnen passt: Der Einzelgänger etwa, der sich einen Platz zwischen zwei Felsen gesucht hat; die Geselligen, die sich zu einer kleinen Gruppe zusammengefunden haben; die alten Paare, die sich gegenseitig stützen; die jungen Unabhängigen. Selbst vollkommen gepflegt und beschnitten haben sie doch ihre Persönlichkeit bewahrt: Sie sind hoch gewachsen und bestehen aus mehreren Stämmen. Die zwei Sorten des Guts, *Sabine* und *Picholine*, werden vollreif geerntet (spät in der Saison) und innerhalb von 24 Stunden nach der Ernte zur Mühle gebracht. Die Öle werden vor Ort verschnitten und abgefüllt. Das Ergebnis ist erstaunlich: Das feurige, dickflüssige Öl entwickelt Aromen von grünem Gras und Trockenfrüchten, die von einem relativ dichten Macchiaduft umspielt werden.

# Marquiliani

## Die Leichtigkeit einer weiblichen Hand

In dieser Männerwelt hat die junge Anne Amalric 1994 die Staffel in ihrer Familie übernommen, die seit vier Generationen Oliven anbaut. Das Haus der Familie verströmt Urlaubsstimmung. Selbst kurz vor Winteranfang stehen die Tische noch draußen, ein friedlicher Teil des Gartens ist von den Katzen übernommen worden.

In dem kleinen, insgesamt sehr weiblich anmutenden Betrieb von zehn Hektar an der Costa Serena, am Fuße der Hügel von Antisanti, merkt man, dass dem sanften Auge und dem feinen Ohr von Anne nichts entgeht: »Einen Olivenbaum muss man ansehen, man muss ihm zuhören. Er ist es, der uns sagt, was er von uns erwartet. Man muss wissen, dass er nur jedes zweite Jahr trägt, und diesen Wechsel muss man respektieren, auch wenn das nicht immer angenehm für uns ist.«

Mit knapp zehn Jahren sind ihre Ölbäume noch jung. Voller Stolz beschneidet sie sie sanft und bewässert sie. Um die vollreifen Früchte bei der Ernte zu schonen, werden sie von Hand oder mit einem mit Pressluft betriebenen Kamm geerntet. Anschließend werden die Oliven vor Ort zermalmt, gepresst und in Flaschen abgefüllt.

Es werden die Sorten *Germaine, Sabine* und *Leccio* angebaut. Mit ihnen komponiert Anne ihre Öle. Ihr »Fruitée douce« zeigt sich blassgelb und dezent feurig mit Aromen von frischen Oliven, Mandeln und gegarten Artischocken. Das milde, feine, dickflüssige Öl besitzt einen pfeffrigen Abgang. Das »Fruitée Sauvage« hingegen lässt sofort seinen ausgeprägt kräftigen Charakter erkennen: Es gibt sich feurig mit Aromen von frisch gemähtem Gras und der umgebenden Macchia.

*Der geweihte Olivenzweig vermag die Schäferhütte besser zu schützen als jedes Schloss.*

*Nach alter Tradition wird das neue Olivenöl in alte bauchige Korbflaschen gefüllt, die durch ein Weidengeflecht vor Licht und Wärme geschützt sind.*

# Die wichtigsten französischen Olivensorten

**Frankreich besitzt Hunderte verschiedener Olivensorten, darunter einige sehr alte, die alle ihre bevorzugten Standorte haben.**

## Cailletier

*Die auch unter dem Namen »Petite olive de Nice« bekannte Cailletier zählt zu den beliebtesten unter den französischen Sorten. Von Menton bis Grasse über Vence kann man zwischen Zypressen und Kastanien kleine Parzellen mit majestätischen Olivenbäumen entdecken. Diese Giganten der Natur sind es, die jene winzigen Früchte mit dem so charakteristischen Geschmack hervorbringen. Die seit Menschengedenken geschätzten Tafeloliven werden stets in vollreifem Zustand von Hand gepflückt. Ihr feines, edles Öl beginnt man erst allmählich zu entdecken.*

## Tanche

*Dank der Olivenbauern und Ölmüller aus der Gegend von Nyons zählte die Tanche zu den ersten Sorten, die Berühmtheit erlangten. Sie verstanden es so hervorragend, sie zu einer Tafelolive umzuwandeln, dass sich die sehr milde, fast süße Steinfrucht schon bald großer Bekanntheit erfreute. Ihr Öl mit den Aromen reifer Früchte zeigt sich mild, ohne bittere Noten und mit langem Abgang.*

## Aglandau

*Die auch unter dem Namen Beruguette bekannte Sorte ist äußerst beliebt und kräftig. Sie gedeiht an verschiedenen Standorten, so etwa in der Haute-Provence, der Vaucluse, dem Gard und der Gegend um Aix-en-Provence. Die Aglandau ergibt ein feuriges, sehr fruchtiges Öl, das mit der Zeit etwas milder wird.*

## Lucques

*Die herrliche, feste Olive mit eleganter, länglicher Silhouette wird in den Departements Hérault und Aude von September an grün gepflückt. Die fleischige, knackige, glatte Tafelolive verströmt im Mund eine leichte Bitterkeit – ein Gedicht. Gegen Mitte Dezember ist sie reif genug, um mit anderen Sorten (etwa Picholine oder Olivière) kombiniert zu werden. Die Mischung ergibt ein wohl dosiertes Öl mit Aromen von Mandel und Haselnuss. Man bemerkt auch eine angedeutete Adstringenz, die ihren ganzen Charme ausmacht. Die Lucques-Oliven ergeben eine der besten Tapenades der Welt.*

## Picholine

*Hinter diesem charmanten Namen verbirgt sich eine rustikale Olive, die keinerlei Standortansprüche stellt und entsprechend leicht zu kultivieren ist. Ihr Öl ist sattgrün, dickflüssig und weist eine leichte Bitterkeit auf. Sie wird gelegentlich in der Mischung der eleganten Öle der Vallée des Baux-de-Provence verwendet und verleiht ihnen das gewisse Etwas, die ungehobelte Note, die ihnen mitunter fehlt.*

## Salonenque

*Die insbesondere in den Departements Bouches-du-Rhône und Var kultivierte kleine Olive kommt mit kalten oder trockenen Bedingungen gut zurecht. Sie wird halbreif geerntet. Als grüne Olive wird sie zum Einlegen verwendet.*

## Grossane

*Die Sorte ist in der Region Bouches-du-Rhône zu finden. Wie der Salonenque machen ihr kalte oder trockene Bedingungen nichts aus. Sie ergibt ein mildes, sehr aromatisches Öl mit Nuancen von Grapefruit und zerlassener Butter.*

## Die wichtigsten französischen A.O.C.

Nyons und Les Baronnies haben in Frankreich der Olivenkultur den Weg geebnet. Die besondere geographische Lage – die nördlichste in Frankreich –, die nahezu exklusive Sorte – die Tanche –, der Sinn der Ölmüller für Kommunikation und ihre Begeisterung für die Arbeit haben es ermöglicht, dass sie innerhalb weniger Jahre die erste geschützte Herkunftsbezeichnung (A.O.C.) Frankreichs für Olivenöl und Tafeloliven erhalten haben. Die Zeiten der Anonymität waren somit für die Stadt Nyons vorbei. Das neu geschaffene Museum des Olivenbaums, Feste und Wanderungen durch die verschiedenen umgebenden Täler sowie zwei restaurierte alte Mühlen ziehen zahlreiche Besucher an. Und nun gibt es niemanden mehr, der die kleine, schrumpelige schwarze Olive und das aus ihr gewonnene feine, dickflüssige Öl mit Aromen von grünen Äpfeln und Haselnüssen nicht kennen würde. Der Erfolg des Olivenöls von Nyons kommt den meisten Eigentümern der Olivenhaine und den örtlichen Ölmüllern zugute.

Im Umland von Nizza erlebt die Sorte Cailletier ihre Renaissance und verbucht dabei einen großen Erfolg. Sie ist noch bekannter unter dem Namen »Petite olive de Nice« und gilt als wahrer Star. Wenngleich die Frucht eher klein ist, wächst sie doch an schönen, majestätischen Bäumen. Die empfindliche Sorte wird noch von Hand gepflückt, und zwar in vollreifem Zustand bis Ende März. Winzig und hinreißend, in so dunklem Violett, dass es fast schwarz anmutet, ist sie die unangefochtene Königin.
Als Tafelolive verleiht sie selbst den einfachsten Gerichten (Salaten, Püree, gegrilltem Fisch) einen Hauch von Klasse. Das aus ihr gewonnene Öl ist mild und verströmt ein frisches Mandelaroma.
Und die Crème de la Crème, die berühmte Olivenpaste von Nizza (Pâte d'olive de Nice), ist zur hochbegehrten Delikatesse geworden. Oliven, Öl und Pâte besitzen seit März 2001 die geschützte Herkunftsbezeichnung A.O.C.

In der Haute-Provence mit ihren unebenen Olivenhainen zwischen 400 und 700 Metern Höhe, ihrem schwierigen Klima und ihren kargen Böden haben sich im Laufe der Jahrhunderte robuste, widerstandsfähige Sorten etabliert.
Die kräftige Aglandau ist hier vorherrschend. Sie wird nach der Reife geerntet und ergibt ein ausgeprägt individuelles, gelbes Öl mit grünen Reflexen. Fruchtig und feurig entwickelt es Aromen von Trockenfrüchten. Auf einigen Gütern wird die Aglandau – in sehr geringen Mengen – mit alten örtlichen Sorten verschnitten. Durch seine Originalität hat das Öl in starkem Maße zum guten Ruf der französischen Olivenöle beigetragen.

Auf den Hügeln um Aix-en-Provence finden sich die ältesten Olivenhaine Frankreichs. Bereits im 18. Jahrhundert war das Öl dieser Lagen für seine Feinheit berühmt. Aglandau, Salonenque und Cayanne sind die wichtigsten Sorten, die in dieser A.O.C. vertreten sind. Einige Erzeuger mischen ihnen, der Milde wegen, etwas Grossane bei, oder, mit völlig anderen Absichten, die Sorte Picholine, die für ihr Feuer und ihre Würzigkeit bekannt ist. Die Erzeugnisse dieser Region sind von großer Vielfalt. Einige sind sehr grün und kräuterbetont, andere erinnern im Gegenteil an die milden Öle mit langem Abgang aus früherer Zeit. Die ganze Vitalität und der Charakter der Region sind aus diesen so unterschiedlichen Aromen entstanden. Diese werden von der Olivensorte bestimmt, vom Erntezeitpunkt, den verschiedenen Mischungen (die wahrsten Erzeugergeheimnisse) und, vor allem, von der Kunst der Oliverons und der Ölmüller.

Die Ölerzeuger aus der Vallée des Baux-de-Provence haben die Götter auf ihrer Seite. Die umwerfende Großartigkeit ihrer Landschaften scheint sie, in Verbindung mit einem eleganten und aufrichtigen Lebensstil, unausweichlich zum Erfolg bestimmt zu haben. Die Ölbaumplantagen muten wie gepflegte Parkanlagen an, die Bäume sind perfekt beschnitten. Die Bewässerung verläuft vollständig kontrolliert, und jeder Baum ist – zur Vermeidung von Krankheiten, insbesondere jenen, die von der Olivenfliege übertragen werden – ganzjährig unter Beobachtung.
Wenngleich der Einfluss modernster Technik auch in diesem Tal spürbar ist, brechen die jungen und neuen Oliverons doch nicht mit der Tradition, die sie auf ihre Weise in Ehren halten wollen. Sie bleiben den althergebrachten Sorten treu (Salonenque, Beruguette, Grossane und Verdale), verwenden jedoch gelegentlich auch die Picholine oder Aglandau. Da Strenge weder Fantasie noch Kreativität unterbinden soll, gelten die Ölerzeuger der Vallée des Baux-de-Provence als die härtesten Verfechter ihrer Spitzenprodukte, den Crus.

Das Huile d'olive Corse ist die jüngste französische A.O.C. Die wichtigsten auf Korsika verwendeten Sorten sind die örtlich angebauten Germaine, Sabine und Zinzala. Die Olivenbauern haben nun zwanzig Jahre Zeit für die Umgestaltung ihrer Olivenplantagen, da die Picholine, die auf einigen Gütern sehr verbreitet ist, in der Komposition des A.O.C.-Öls nicht berücksichtigt wurde.

# Der Ölbaum in der Botanik

Die Gattung der Oleaceae bildet eine große und schöne Familie, zu der so verschiedene Gewächse wie Flieder, Eschen, Forsythien und Olivenbäume zählen.
Der schwedische Naturforscher Carl von Linné fasste diese Sorten im 18. Jahrhundert unter dem Namen Olea zusammen. Zur Unterart Olea europaea zählen auch der Oleaster oder wilde Ölbaum (Olea europaea subsp. sylvestris) und der kultivierte Olivenbaum (Olea europaea subsp. europaea). Im Raum zwischen Asien und dem Mittelmeer existieren weitere Unterarten, die jedoch nicht von kulinarischem Interesse sind.
Der Ölbaum ist immergrün mit dauerhaften Blättern, die etwa drei Jahre alt werden. Seine Größe und Form richtet sich nach den durchgeführten Schnittmaßnahmen, denn seine natürliche Form ist die eines Strauchs. In der freien Natur erreicht er im Allgemeinen eine Höhe von 15 bis 20 Metern, kultivierte Arten werden sechs bis zehn Meter hoch.
Der Ölbaum ist für seine Langlebigkeit berühmt, er kann über hundert Jahre alt werden. Wenn der Stamm abstirbt, bilden sich an der Basis Schösslinge, aus denen ein neuer Baum entsteht. Sobald der Baum sieben bis acht Jahre alt ist, produziert er nennenswerte Früchte, dies etwa bis zu seinem hundertsten Lebensjahr. Über hundert Jahre alte Bäume liefern unregelmäßige Erträge.

Ölbäume sind genügsam. Solange sie von der Sonne verwöhnt werden, lieben sie karge Böden. Aufgrund ihres verzweigten Wurzelsystems gedeihen sie gut auf kiesel- oder kalkhaltigem Boden, wenn dieser das Wasser gut abführt. Lediglich Lehmböden und zu feuchte Böden sagen ihnen nicht zu. Im Allgemeinen bevorzugen Olivenbäume hügelige, sonnige und windgeschützte Lagen in geringer Höhe.
Der große Feind des Ölbaums ist ohne jeden Zweifel der Frost, der bei Temperaturen unter –7 °C Schaden anrichtet. Zwar sind einige kurze Kälteperioden für die Fruchtentwicklung unerlässlich, doch anhaltender Frost und Minustemperaturen, wenn der Baum feucht ist, sind besonders schädlich.
Olivenbäume lassen sich leicht ziehen, sowohl durch Stecklinge wie auch durch Schösslinge, die an der Basis des Stamms entstehen.

## Der Jahreszyklus des Ölbaums

November–Februar: Winterruhe
März–April: Erwachen und Öffnung der Knospen
Mai–Juni: Blütezeit
Juli–August: Der Stein der Frucht härtet aus.
Oktober: Die normale Größe ist erreicht.
September–Februar: Erntezeit (die frühesten Sorten im September, die letzten im Februar)

Der schlimmste Feind des Ölbaums ist die Kälte.

# Schnitt und Pflege der Ölbäume

Olivenbauern früherer Zeiten betrachteten den Olivenbaum gern als einen Baum, der nur geringer Pflege bedurfte. Nichts ist weniger wahr, wenn die Erträge eine gute Qualität haben sollen. Wie alle Obstbäume muss auch der Ölbaum regelmäßig beschnitten werden. In der Antike führten die Römer alle acht Jahre einen Schnitt durch, heute werden die Bäume jedes Frühjahr beschnitten. Das Wachstum der Zweige erstreckt sich von April bis Ende Oktober. Ab November tritt die Vegetationsruhe ein und im Januar die Blüteninduktion. Die Früchte werden nicht am neuen Holz – also jenem, das seit April entstanden ist –, sondern am Holz des Vorjahres entwickelt. Die Fruchtproduktion ist somit zweijährig.

Der Schnitt erfolgt ab Ende Februar. Es werden drei Schnittarten angewendet, die mit den drei Lebensphasen des Ölbaums übereinstimmen. Die ersten zwei bis drei Jahre findet ein einfacher Erziehungsschnitt statt: Er soll dem jungen Baum ein solides, angemessenes Gerüst verleihen. Es handelt sich um leichte Schnittmaßnahmen, die mit der Schere durchgeführt werden. So erhält der Baum einen Stamm von etwa einem Meter Höhe und Leitäste. Anschließend findet ein alljährlicher Überwachungsschnitt statt. Hier werden vor allem die Reiser, die keine Früchte tragen werden, entfernt. Außerdem wird der Baum von der Mitte nach außen und von unten nach oben ausgelichtet, sodass die Krone nicht zu stark verdichtet. Beim jährlichen Rückschnitt werden auch die Triebe, die älter als ein Jahr sind und bereits Früchte getragen haben, entfernt.

Der Verjüngungsschnitt geschieht mit der Baumsäge. Er wird an überalterten, nicht mehr tragenden Bäumen vorgenommen. Das überschüssige Holz wird entfernt und der Baum auf den Stamm zurückgenommen. Etwa sechs Jahre später ist dann wieder mit Erträgen zu rechnen.

In Fachkreisen ist man sich einig, dass der Ölbaum große Aufmerksamkeit erfordert. Der Boden unter den Bäumen muss gut gepflegt und durch regelmäßiges Pflügen von Unkraut und anderen Pflanzen frei gehalten werden. Im Idealfall wird dreimal jährlich gepflügt: Ende Februar oder Anfang März, im Sommer und gegen Ende des Sommers oder zu Beginn des Herbstes. Wesentlich ist die Qualität des Bodens, der sehr nährstoffreich sein sollte. Von einigen wird die Verwendung von Sulfaten (Ammoniumsulfat, Kaliumsulfat und Supersulfat) empfohlen. Empfehlenswert ist die organische Düngung. Dabei verwenden die Olivenbauern den Trester, die Reste der Pressung.

Nach dem Schnitt ist der Ölbaum noch nicht endgültig geschützt. In der Tat stellt er für zahlreiche Schädlinge einen Leckerbissen dar. Die Motte frisst zunächst die Blütenknospen, später auch Früchte und Blätter. Die Schildlaus (Saissetia oleae) hat es auf den Saft der Blätter abgesehen. Die größte Plage aber ist die Olivenfliege (Dacus oleae). Sie greift die Früchte an, während der Käfer (Pyralis) junge Pflanzungen schädigt und sie gewissenhaft entlaubt.
Auch Krankheiten bedrohen den Baum: bei Rußtau (Capnodium oleaginum) wird er mit einem schwarzen Film bedeckt, bei der so genannten Pfauenaugenkrankheit (Cycloconium oleaginum), einer Pilzkrankheit, die braune und gelbe Flecken entstehen lässt, kann die Ernte eines ganzen Jahres zunichte gemacht werden, aber mit Falscher Bordelaiser Brühe, die auch im Weinberg eingesetzt wird (eine Mischung aus Kalk und Kupfersulfat) lässt sie sich in Schach halten.
Die Olivenbauern haben gegen Schädlingsbefall und Pilzkrankheiten keine andere Wahl als das Spritzen. Einige Bauern wählen aber den Weg einer ökologisch vertretbaren Landwirtschaft und verzichten auf den großflächigen Einsatz von chemischen Spritzmitteln.

## Olivenhain oder Terrassenkultur

Beim Olivenhain handelt es sich um eine normale Ölbaumpflanzung. Olivenbäume können aber auch in terrassierten Lagen gezogen werden, die von Trockenmauern gestützt werden.

Der sympathische, rustikale und widerstandsfähige Olivenbaum braucht Liebe und Pflege.

# Das Neue Olivenöl

Viele Jahre lang wurde das so genannte Neue Olivenöl geheim gehalten. Nur die Bauern und Ölmüller wussten davon und pflegten es.

Wenn der Monat Dezember herannaht, erreichen die Oliven die volle Reife und die Ölmühlen öffnen ihre Türen. Eine rege Aktivität wird allerorten spürbar.
Die ersten Oliven, die in der Ölmühle ankommen, werden zermahlen und zu Öl umgewandelt. Jeder harrt der Dinge: Bauern, Pflücker, Ölmüller, Frauen, Kinder, mit anderen Worten, das gesamte Dorf. Sie warten alle nur auf das eine: dass die ersten Öltropfen des Jahres aus dem Dekanter tropfen. Diese »goldenen Tränen« sind das Neue Olivenöl, jenes, das sich nicht über den Winter retten, aber bis zur nächsten Saison dem Gaumen frisch, intensiv und fröhlich in Erinnerung bleiben wird. Es ist unvergleichlich. Dieses Öl ist so besonders, so launisch auch, dass niemand vor der Verkostung etwas dazu sagen kann. Man kann nur eines tun: abwarten. Es verrät, wie das Öl von morgen sein wird.
Kaum bedeckt es den Boden eines Tellers, schon taucht jeder sein Brot hinein, um unter den Ersten zu sein, die es probieren können. Und sogleich wird es kommentiert: »Es ist feurig, kräuterbetont, pikant, besitzt einen Hauch von Artischocke, Feige, Mandel, Orange ...« Jeder tut sein Urteil kund, und es ist nicht ausgeschlossen, dass beim Vergleich der eigenen Produktion mit jener des Nachbarn die eine oder andere Meinungsverschiedenheit ausgetragen wird. Aber wie dem auch sei, Recht haben sie alle. Dieses Öl mit den höchst vergänglichen Aromen wird die Feinschmecker immer wieder nur einige Tage, einige Wochen begeistern können.
Im Laufe der Zeit beruhigt sich sein Geschmack, es verliert etwas an Feuer, an Fantasie und Frische. Dafür wird es etwas runder, feiner, geschmeidiger, sinnlicher. Kurz, es verliert die Frechheit der Jugend. Die Liebhaber des Neuen Olivenöls bleiben ihm jedoch ergeben.
Das Öl hat einen besonders hohen Seltenheitswert, da es nur in sehr kleinen Mengen erzeugt wird, es ist empfindlich, blockiert schnell und lässt sich nur schlecht transportieren. Nur einige wenige Erzeuger, die sich ihres Marktes sicher und perfekt ausgerüstet sind, nehmen die Herausforderung, es zu vertreiben, an und müssen dennoch befürchten, seine Qualität – und somit auch ihren Ruf – zu verlieren.
Lange aber bot das Öl nur Anlass zu einem örtlichen Fest, mit dem in erster Linie die Olivenpflücker bei Laune gehalten und die Eröffnung der Mühlen gefeiert werden sollten. Das Öl selbst galt nur als Richtwert für die Aromen, die das normale Öl im Laufe der Zeit herausbilden würde.

Nun ist das Erzeugnis jedoch über Nacht in Mode gekommen. Es schmeichelt dem Gaumen auf der Suche nach Authentizität und wahren Werten und begeistert seitdem die Anhänger von Naturprodukten und Qualität. Das Neue Olivenöl ist die letzte Sonne des Sommers. Es hebt den Geschmack von kleinen violetten Artischocken, den ersten Wintersalaten, knackig gegartem Gemüse (etwa Möhren, Kartoffeln, Fenchel, Knollensellerie, Blumenkohl und Lauch), den ersten winterlichen Eintöpfen, Salaten von Zitrusfrüchten (Orangen oder Mandarinen). Einige Tropfen reichen aus, um ein einfaches Kompott von Trockenfrüchten in ein fürstliches Dessert zu verwandeln. Sie verleihen dem schlichtesten Eis (Vanille, Zimt, Feige) einen Hauch von Eleganz. Bei einigen großen Küchenchefs ist das Olivenölsorbet zum Klassiker geworden. Und so hat dieses Öl, das bis vor kurzem in der Öffentlichkeit noch gänzlich unbekannt war, in nur wenigen Jahren und ohne jede Extravaganz Kultstatus erlangt.

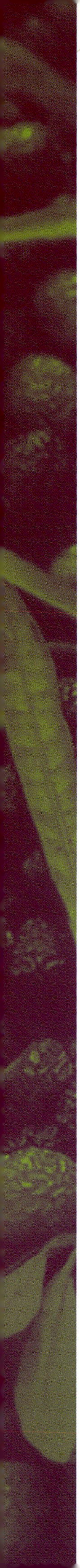

# Anchoïade

Pro Person

### Zutaten

10 Sardellenfilets, eingesalzen
Einige Stängel glatte Petersilie, fein gehackt
3 Knoblauchzehen, geschält (ggf. Keim entfernt), im Mörser zerstoßen
10 cl Olivenöl
Einige Tropfen Sherry-Essig
Pfeffer aus der Mühle

Die Sardellenfilets gründlich unter kaltem Wasser abspülen. Sardellen, Knoblauch und Petersilie im Mörser zerstoßen, dabei gleichmäßig und äußerst sparsam das Olivenöl unterrühren. Unmittelbar vor dem Servieren einige Tropfen Essig zufügen und pfeffern.

*Die Anchoïade wird als Brotaufstrich auf leicht geröstetem Brot serviert oder als Dip oder Sauce zu knackigem Gemüse oder Nudeln gereicht.*

# Tapenade

Für vier Personen

### Zutaten

100 g Sardellenfilets, eingesalzen
100 g Kapern
350 g schwarze oder grüne Oliven, entkernt (Lucques-Oliven sind besonders geeignet)
2 Knoblauchzehen, geschält (ggf. Keim entfernt)
25 cl Olivenöl
Saft einer Zitrone

Die Sardellenfilets gründlich unter kaltem Wasser abspülen. Sardellen, Kapern, Oliven und Knoblauch im Mixer pürieren. Die Masse in einen Mörser geben und nach und nach das Olivenöl unterrühren. Zum Schluss den Zitronensaft zufügen.
Die Tapenade kann mit einigen Lorbeer- oder Thymianblättchen verfeinert oder auch mit Thunfischstückchen oder einem Teelöffel scharfem Senf variiert werden.

*Wie die Anchoïade wird die Tapenade als Brotaufstrich auf leicht geröstetem Brot serviert. Sie passt außerdem gut zu gegrillten Fischgerichten, frischen Endivienblättern, Gemüse oder hart gekochten Eiern.*

# Aïoli

Für sechs Personen

## Zutaten

6 Knoblauchzehen, geschält
(ggf. Keim entfernt)
1 kleine gekochte Kartoffel
oder 1 EL Brot vom Vortag
(eingeweicht und gut ausgedrückt)
2 Eigelb
25 cl Olivenöl
Saft einer Zitrone
Salz und Pfeffer

Die Knoblauchzehen mit dem Salz im Mörser zerstoßen, bis eine cremige Masse entsteht. Die Kartoffel oder das Brot zufügen und weiterzerstoßen. Wenn einen homogene Masse entstanden ist, das Eigelb zugeben und in feinem Strahl das Olivenöl unterrühren. Die Masse dabei – wie bei einer Mayonnaise – immer in derselben Richtung rühren.
Wenn die Aïoli allmählich eine festere Konsistenz annimmt, darauf achten, dass sie nicht zu fest wird. Den Zitronensaft angießen, abschmecken und gegebenenfalls nachwürzen. Bis zum Servieren kühl stellen.

*Die Mittelmeersauce par excellence erfordert viel Geduld und gute Laune, weil es doch eine Zeit lang zu rühren gilt.*
*Traditionell wird Aïoli zu pochiertem Kabeljau, hart gekochten Eiern, Tintenfischsalat und sämtlichen Gemüsesorten (kleine Möhren, Blumenkohl, Brokkoli, kurz gegarte junge Artischocken usw.) serviert. Die Gemüse werden roh zu Tisch gebracht.*

# Rezepte aus Korsika

## E mullate

Für sechs Personen

### Zutaten

10 g Hefe
30 cl Milch oder Molke, erwärmt
250 g Mehl
1 Ei
1 TL feines Salz
750 g frischer Schafskäse, in kleine Würfel geschnitten
10 cl Olivenöl (zum Braten)

Die Hefe in etwas lauwarmer Molke oder Milch auflösen. Mehl, das Ei, die aufgelöste Hefe und Salz in eine Schüssel geben. Nach und nach die Milch (oder die Molke) mit dem Holzlöffel unterrühren, bis ein dickflüssiger Pfannkuchenteig entsteht. Nun die Käsewürfel hinzufügen.
Mit Klarsichtfolie abdecken und etwa eine Stunde bei Zimmertemperatur ruhen lassen. In einer beschichteten Pfanne das Öl erhitzen und behutsam und einzeln kleine, mit dem Esslöffel geformte Teigmengen hineingeben. Von jeder Seite eine Minute braten.

*Die Emullate werden warm serviert als Aperitifhappen oder zu einem Salat, der mit Olivenöl angemacht ist.*

# Olivenöl mit Basilikum

Für einen Liter

25 cl Öl auf 150 °C erhitzen und darin einige Basilikumblätter frittieren. Zudecken, die Hitze reduzieren und gelegentlich den Deckel öffnen, um den Garprozess zu beobachten. Wenn die Blätter allmählich durchscheinend werden, sie mit einem Schaumlöffel herausheben und unverzüglich in das eiskalt gestellte Öl geben. Auf diese Weise weiter verfahren, bis alle Blättchen frittiert sind.
Das zum Frittieren verwendete Öl zum restlichen Öl geben und gut vermischen. Mit Klarsichtfolie abgedeckt 2 Tage im Kühlschrank ziehen lassen. Vermischen und, wieder mit Klarsichtfolie abgedeckt, einen weiteren Tag ziehen lassen. Abfüllen.

*Das Basilikumöl hält sich monatelang im Kühlschrank, es sollte jedoch zuvor in eine lichtundurchlässige und luftdichte Flasche umgefüllt werden.*

## Zutaten

1 l Olivenöl
mit Aromen reifer Früchte
150 g Basilikumblätter, gewaschen
und trockengetupft.
Eine große Schüssel mit Eiswürfeln füllen. In eine kleine Schüssel von dem Liter Olivenöl 75 cl Öl abfüllen und diese Schüssel in die Schüssel mit den Eiswürfeln stellen.

# Feine Kürbissuppe mit gebratenem Lauch und Olivenöl

Für vier Personen

## Zutaten

7–8 kleine Stangen Lauch
2 Schalotten,
in feine Scheiben geschnitten
500 g Kürbisfleisch,
in Stücke geschnitten
25 cl Hühnerbouillon
Korsisches Olivenöl
Grobes Meersalz
Pfeffer

Die kleinen Lauchstangen waschen, in heißem Wasser kurz blanchieren und sofort unter eiskaltem Wasser abschrecken. Beiseite stellen.

Die fein geschnittenen Schalotten in etwas Olivenöl andünsten und sie dann in einem Topf mit den Kürbisstücken gut vermischen. Die Hühnerbouillon angießen.

Etwa 50 Minuten leicht aufwallend kochen lassen, anschließend pürieren. Durch ein Sieb streichen und warm halten.

Die kleinen Lauchstangen in 1 EL Olivenöl braten, salzen und pfeffern. Kürbissuppe auf Teller verteilen, mit dem Lauch anrichten und servieren.

# Reis mit Ziegenmilch

Für vier Personen

## Zutaten

200 g Rundkornreis
1 l Ziegenmilch
10 EL Puderzucker
3 unbehandelte Orangen
4 EL korsisches Olivenöl
2 Eigelb

Den Reis waschen. In einen großen Topf geben, mit Wasser bedecken und zum Kochen bringen. Nach 2 Minuten die Ziegenmilch hinzufügen und den Reis 45 Minuten auf sehr kleiner Flamme garen.
In der Zwischenzeit 2 Orangen sorgfältig schälen und in einzelne Schnitze teilen. Den Orangensaft auffangen.
Mit einem Sparschäler die Schale der dritten Orange möglichst fein abhobeln und diese in sehr schmale Streifen schneiden. In einem kleinen Topf 1/2 Glas Wasser mit dem Orangensaft und 4 EL Puderzucker zum Kochen bringen. Die Schalen hineingeben und 15 Minuten kochen lassen, bis das Wasser eingekocht ist. Beiseite stellen.
Den fertig gegarten, noch warmen Reis mit dem restlichen Puderzucker süßen. Das Eigelb und das Olivenöl unterrühren. Den Reis in kleinen Schälchen anrichten, kreisförmig mit den Orangenschnitzen dekorieren und jede Portion mit karamellisierten Orangenschalen krönen.

*Auch hier gehört eine kleine Flasche Olivenöl mit auf den Tisch.*

# Spanien – Die Kunst maurischer Gärtner

**Wenn es ein Land gibt, das die Kultur des Ölbaums zu ihrer vollen Reife gebracht hat, so ist dies zweifelsohne Spanien. Der Olivenbaum hat das Land jahrhundertelang ernährt und Spaniens Gold stammt nicht aus Südamerika: Es stammt von den Böden Andalusiens, Kastiliens, Aragons und Kataloniens.**

Die Landschaft ist ein Ozean, ein wogendes, grüngraues und silberfarbenes Meer von Olivenbäumen, die hier und da den Blick freigeben auf die Erde, auf der sie gedeihen. Grau, orange, ockerfarben oder mit grünem Gras bedeckt bildet sie einen herrlichen Kontrast zur Rustikalität der blassgrauen bis anthrazitfarbenen Stämme. Diese Farbpalette unterstreicht die Harmonie der Landschaft und lässt ein riesiges, abstraktes Gemälde entstehen, das durch senkrechte und waagerechte Linien, durch die Formen und Farben der Bäume strukturiert wird. Der Himmel ist blau, die Sonne strahlend, es ist warm in Andalusien, dem Olivenhain Spaniens, wo Millionen von Ölbäumen auf Tausenden von Hektar Land gedeihen.
Spanien ist weltweit führend in der Erzeugung von Tafeloliven und Olivenöl und beabsichtigt, dies noch lange zu bleiben, wenngleich das glänzende Erbe in der Vergangenheit mitunter vernachlässigt worden oder, schlimmer noch, durch Misswirtschaft in Verruf geraten ist.

Als der Untergang des Römischen Reiches unabwendbar geworden war, erlebten die Westgoten eine Zeit des Aufschwungs, in der sie plündernd durch Europa zogen und alles, was sich ihnen in

den Weg stellte, ihren Verwüstungen zum Opfer fiel: Menschen, Vieh, Getreidefelder und Olivenhaine. An der Schwelle zum Mittelalter entwickelten sich die Ernährungsgewohnheiten weiter: Während Speck, Schweineschmalz und Butter hoch im Kurs standen, verschwand die Olive von den Tischen. Das Olivenöl büßte seine Popularität ein, wenngleich es in einigen Gegenden Europas, etwa in Italien oder Spanien, weiterhin ein kostbares Gut blieb. Die Mauren schließlich retteten als bewundernswerte Gärtner die alten Olivenhaine, pflanzten weitere Bäume hinzu und erfanden Bewässerungssysteme, die noch heute in Gebrauch sind. Ihnen verdankt das Land einen seiner wertvollsten heutigen Reichtümer. Nach der Reconquista setzten die Katholischen Könige diese Tradition fort. Das mittlerweile unverzichtbar gewordene Olivenöl wurde sogar in die Neue Welt, nach Südamerika und Kalifornien, verschifft. Doch auch wenn das Öl aus spanischem Anbau über die Jahrhunderte erhalten blieb, war es nicht immer von Erfolg gekrönt und kämpfte sogar lange Zeit gegen einen üblen Ruf an. Es hieß, spanisches Olivenöl sei gewöhnlich und von schlechter Qualität, auch würde es deutlich schimmelig oder ranzig riechen. Das Ansehen der iberischen Küche litt erheblich darunter: Sie war als fett, unbekömmlich und ohne jede Zukunft in Verruf geraten. In jenen Jahren galten Butter oder Sahne als wesentliche Bestandteile der guten Küche. Dank der Medizin, die dem Olivenöl so zahlreiche positive Eigenschaften zuschreibt, und vor allem dank der Begeisterung der Feinschmecker für authentischere Geschmacksnoten gewann das wenig geschätzte Öl schließlich doch an Attraktivität. Gleichzeitig entstand trotz der Franco-Diktatur ein neues Spanien: Ein Teil der Bevölkerung lebte in den Nachbarstaaten im Exil, was das Land tiefgreifend verändern sollte. Die Emigranten unterstützten mit ihren Ersparnissen die in der

*Die unendlichen Olivenhaine Spaniens erstrecken sich weiter, als das Auge reicht.*

*Diese zeitgemäßen, äußerst raffinierten Tapas gibt es in der Hacienda Benazuza in Sanlucar La Mayor. Sie entstammen der Fantasie des jungen katalanischen Küchenchefs Rasa Morales.*

Heimat verbliebenen Verwandten und leisteten so, ohne es zu wissen oder zu wollen, ihren Beitrag zum *desarollo* (dem wirtschaftlichen Aufschwung), wie er von Franco vorgesehen war. Spanien erfreute sich wachsender Beliebtheit und verstand es, seine Strände, seine Sonne, seine Mantillas und Stiere den sonnen- und strandhungrigen Europäern anzubieten. Gegen Ende des 20. Jahrhunderts verfügt es über eine verführerische Art zu leben; es ist jung, kräftig, fröhlich und frei, sich zu vergnügen, wie es behagt. Musik, Malerei, Film und Gastronomie drängen ins Rampenlicht und lancieren auch Stars wie den katalanischen Küchenchef Ferran Adrià. In den Straßen füllen sich die Tapa-Bars und man lässt es sich bei gebratenem Fisch, *morrones* (in Öl eingelegten Paprikastreifen), eingelegten Anchovis und ausgezeichnetem Schinken gut gehen. Die Produkte sind bestens zum Export geeignet, und die spanische Küche findet zu ihren Wurzeln zurück, zu authentischen Produkten und Gerichten.

Die Katalanen erkennen als Erste, dass die Produktion von hochwertigem Olivenöl Erfolg versprechend ist. Sie sind es leid, die Geiseln jener Industriellen zu sein, denen sie ihre feinen und erlesenen Erzeugnisse zu Schleuderpreisen verkaufen, damit diese sie mit anderen Ölen vermischen. Rasch organisieren sie sich und zeigen Initiative, indem sie die erste geschützte Herkunftsbezeichnung für Olivenöl in Europa gründen. Im Bewusstsein der Einzigartigkeit ihres Terroir – den ansteigenden Terrassen an den Hügeln von Lérida – gründen die dortigen Olivenbauern 1975 die D.O. (denominación de origen, das Pendant des französischen A.O.C.) Les Garrigues mit einem strengen Auflagenkatalog: genaue Einhaltung der geographischen Grenzen, Verwendung nur handgepflückter Oliven, wobei die Sorte *Arbequina* bevorzugt angebaut wird und, in geringerem Maße, die Sorte *Verdial*. Die Bestimmungen ermöglichen es ihnen, ein zartgrünes Öl herzustellen, das sich relativ mild und dennoch frisch gibt mit einem Hauch von Mandel im Abgang. Das zweite katalanische Qualitätsprädikat, die D.O. Siurana, wird zwei Tage später geschaffen. Seine Oliven gedeihen südöstlich von Lérida, um Tarragona. Das Öl, das ebenfalls wesentlich aus der Sorte *Arbequina*, mit geringen Anteilen von *Royal* und *Morrut* gewonnen wird, bietet eine anders geartete

Palette an Aromen und Geschmacksnoten. Es ist blassgelb in der Farbe und am Gaumen sowohl mild wie auch cremig.

Der Erfolg dieser Politik lässt nicht auf sich warten. Die kleine Revolution ermuntert weitere Olivenbauern, den gleichen Weg einzuschlagen, und Provinz für Provinz finden ebenso schnelle wie einfallsreiche Veränderungen statt. Die alten, verlassenen Olivenhaine werden wieder instand gesetzt, die Produktion rationalisiert. Neue Plantagen entstehen, alte Olivensorten werden wieder entdeckt, die Bewässerungssysteme – zum Teil übereifrig – verbessert. Die Erträge und die technischen Investitionen wachsen gleichermaßen. Nahezu überall entstehen hochmoderne Mühlen, in den Kellern reihen sich die neuesten Tanks in rostfreiem Stahl aneinander. Wenn es sich als notwendig erweist, schwören die Spanier jedoch nicht der Tradition ab: In manchen Olivenhainen wird nach wie vor von Hand gepflückt.
Die Welle der Innovation erfasst alle Regionen. Die Zeiten des schlecht gepressten Olivenöls, entstanden in dunklen, schmutzigen Mühlen, ohne Feingefühl vermischt, schlecht gelagert und verpackt und nach ganz Europa exportiert, sind vorbei. Freilich bleibt Spanien der bedeutendste Erzeuger industriellen Olivenöls, doch sie sind mit den neuen Regeln der internationalen Vermarktung vertraut und sich des Wertes ihrer Böden bewusst.
Wenn die Liebhaber von Olivenöl sich heute an den so authentischen Geschmacksnoten sortenreiner Öle erfreuen können, verdanken sie dies jenen weitsichtigen Olivenanbauern, die es verstanden haben, zu einer Weiterentwicklung ihres Handwerks beizutragen. Erzeuger von Olivenöl verstehen sich von nun an als kreative Zunft und signieren ihre Öle wie ein Maler sein Bild.

# Núñez de Prado

## Die absolute Herrschaft von sieben Generationen

Einige Kilometer von Córdoba entfernt, tief im strengen Andalusien mit seinem typischen blauen Morgenhimmel, erstrecken sich die größten Ölbaumplantagen Spaniens. So weit das Auge reicht, lassen die großartigen Landschaften Olivenbäume in verschiedenen Grüntönen erkennen. Einzig die Mandelbäume heben sich im Frühling mit ihren weißen bis zartrosafarbenen Blüten von diesem grünen Farbmeer ab.
Inmitten dieser Landschaft liegt hoch oben auf einem Hügel das Dorf, nahezu eine kleine Stadt, Baena. Die größten Olivenbauern der Region haben sich hier niedergelassen. Unter ihnen auch

*In diesem seit den 1930er-Jahren unveränderten Geschäftszimmer entstehen die Unternehmensstrategien der Brüder Núñez de Prado.*

DE PRADO
FABRICA DE ACEITE DE OLIVA
14

zwei außergewöhnliche Brüder, Paco und Andrés, die so berühmt sind, dass jeder sie einfach als »die Núñez de Prado« kennt. Jung und unternehmungslustig sind sie Olivenbauern in der siebten Generation. Ihre Vorfahren hatten sich in der Gegend unweit des Guadalquivir niedergelassen und exportierten bereits in die Neue Welt. In ihrer Fábrica de Santa-Lucia, in der Mitte des Ortes, ist ihnen die wunderbare Verbindung von Vergangenheit und Zukunft gelungen, gleichermaßen durch und gegen das Gewicht der Tradition.
Die Familiensaga nahm vor zwei Jahrhunderten ihren Lauf und hat einige berühmte Spuren hinterlassen. Im Keller reihen sich hinter dicken weißen Mauern gekalkte Terrakottagefäße aneinander, die zur Hälfte im Boden versenkt sind. Sie stammen noch aus dem 18. Jahrhundert und bezeugen die bereits zu jener Zeit rege Aktivität. Entgegen aller Irrungen und Wirrungen gewinnt diese Familie seit Generationen Öl und bepflanzt ihre Haine, gleichgültig, ob das Olivenöl populär ist oder sich in tiefster Regression befindet. Heute »herrschen« die Núñez de Prado über mehr als 90 000 Ölbäume, die über mehrere Güter verteilt sind.
Der Empfang ist fürstlich und die Besichtigung der unzähligen Hektar hervorragend gepflegter Olivenhaine entsprechend ein Genuss. Hier werden vor allem die Sorten *Picuda, Picual* und *Hojiblanca* angebaut, die wichtigsten in der Zusammenstellung der D.O. Baena.
Junge Pflanzungen stehen im Wechsel mit alten, denn die Brüder setzen auf Vielfalt. Die Núñez de

Prado sind sehr auf Qualität und gute Erträge bedacht und betrachten ihre Produktion aus einem deutlich technischen Blickwinkel. Einige Parzellen werden auf eine nahezu industrielle Weise bewirtschaftet. Die Bäume werden in Reihen in einem Abstand von sieben Metern gepflanzt, was die Schnittmaßnahmen und die Reifekontrolle der Früchte erleichtert. Diese Anordnung ermöglicht auch ein leichteres maschinelles Pflücken und vereinfacht die Bewässerung.

Die beste Pflege ist dem außergewöhnlichen Tropföl vorbehalten, der Königin unter den Ölen. Bei der Gewinnung des flüssigen Goldes kommt die jahrhundertelange Erfahrung zum Tragen, und ihre Erzeuger gewähren ihm die größtmögliche Aufmerksamkeit. Traditionell werden die Oliven von Hand geerntet. Hierzu werden professionelle Pflücker aus Sevilla engagiert.

Die reifen, mit grenzenlosem Feingefühl gepflückten Oliven werden eine nach der anderen in schöne, mit Tuch ausgeschlagene Körbe gelegt, die zwei Stunden später zur *fábrica* gebracht werden. Nun kann die große Zeremonie beginnen. Nach einem schnellen Waschdurchgang, bei dem die Früchte nicht beschädigt werden dürfen, werden die Oliven von drei großen Granitkegeln zerstoßen. Ähnlich wie beim Stimmen eines Klaviers werden die Kegel alljährlich von einem Spezialisten eingestellt. Der Olivenbrei wird anschließend gefiltert. Das auf diese Weise gewonnene Tropföl tropft nach und nach heraus und wird anschließend in wunderschöne Dekantiergefäße gefüllt. Diese mit herrlichen roten Fayencekacheln verzierten Behältnisse stammen aus dem 19. Jahrhundert. Das Öl steigt sodann an die Oberfläche und wird von Hand abgeschöpft. Nachdem es (immer noch von Hand) in Flaschen abgefüllt, dann mit

OLIVA
XTRA

Etikett und Nummer versehen und mit Wachs versiegelt wurde, wird es schließlich in die ganze Welt verschickt. Das Luxuserzeugnis stellt dreißig Prozent der Gesamtproduktion der Núñez de Prado dar, doch werden für die Herstellung eines Liters dieses königlichen Tropfens elf Kilo Oliven benötigt, statt der traditionellen fünf Kilo pro Liter. Das exquisite Erzeugnis aus Andalusien ist unter Feinschmeckern so begehrt, dass es bereits vor der Herstellung verkauft ist.

Uns wurde die Ehre zuteil, im Rahmen eines unvergesslichen Mittagmahls mit den Hausherren dieses Öl – dessen Herstellung dem Keltern eines Spitzenweins in nichts nachsteht – verkosten zu dürfen. *Pata negra,* gebratene Eier, warmes, in Tropföl getauchtes Brot und tausend andere Leckerbissen – ein wahrhaft göttliches Mahl. Einer unserer Gastgeber erläuterte uns, dass sich das Tropföl jedes Jahr von einer anderen Seite zeigt. Das nicht gefilterte, flüssige Öl gibt sich stark kräuterwürzig mit einem Hauch von Mandeln oder einer pikanten Note im Abgang und bewährt sich stets als Freude für den Gaumen.

Nach einer letzten Besichtigung der *fábrica* und des legendären Büros, das seit den Dreißigerjahren unverändert geblieben ist, verraten uns die Núñez de Prado ein wundervolles Geheimnis, das Rezept ihres berühmten Orangensalats mit Tropföl. Ein Gedicht!

*Der prachtvolle Reigen der nummerierten Flaschen der Núñez de Prado.*

# Ein Mosaik an Erzeugern

## und eine außergewöhnliche Sammlung

Südlich von Córdoba steht ein Ölbaum, der es in Sachen Berühmtheit mit jedem Filmstar aufnehmen kann. Er wurde bereits mehrfach von allen Seiten abgelichtet und ist als Liebling der spanischen Medien regelmäßig das Thema der dortigen Presse. Noch als junger Mann hat sich Fermín Jiménez in diesen »alten Baum«, wie er in seiner Familie heißt, verliebt. Nach einer kurzen Laufbahn als Grundschullehrer verlässt Fermín die Schule für immer und kehrt zu seinem Baum zurück. Er lässt sich zum Verkoster für Olivenöl ausbilden und widmet sich fortan seinen einsamen Ländereien inmitten der herrlichen Hügel von

*Die mehrere Jahrhunderte alten Olivenbäume werden respektiert und verehrt. Als wahre Patriarchen scheinen sie über das Gedeihen ihrer jungen Nachfahren zu wachen.*

Priego de Córdoba. Von der neuen Lebenssituation beglückt, führt er seine Produktion mit meisterlicher Hand: In seinem Olivenhain, den er mit Sanftmut und Leichtigkeit diszipliniert hat, gedeihen mehrere Generationen friedlich nebeneinander. Bei der Ernte werden die Oliven immer noch mit langen Stangen herabgeschlagen, da Rüttelkämme in dem hügeligen Gelände nutzlos sind. Auf diese Weise werden je nach Reife die Sorten *Picual, Hojiblanca* und *Picuda* nach und nach geerntet. Innerhalb der darauf folgenden 24 Stunden werden sie getrennt gepresst, das Öl in Tanks aufbewahrt. Als wahrer Önologe stellt Jiménez dann seine kostbare, goldgelbe Mischung zusammen. Das auf diese Weise entstandene Öl *Señorío de Vizcántar* duftet nach frischem Gras. Gleichermaßen mild und feurig, entwickelt es ein Aromenspiel von Artischocken und Trockenfrüchten. Um es optimal

vor Licht und Hitze zu schützen, wird es anschließend in Steingutflaschen abgefüllt.

Zu den weiteren dem Olivenöl geweihten Tempeln, die in dieser Gegend einen Umweg lohnen, zählt die Hacienda Guzman, auch als San Bartolomé bekannt. Sie zählt zu den wenigen erhaltenen Gütern des 16. Jahrhunderts. Das prunkvolle, ursprünglich von Franziskanern errichtete Gebäude wurde zu einem Museum für Olivenöl umgewandelt. Der glückliche Besitzer des traumhaften Ortes, Juan Ramón Guillén, hat dort über hundert Olivensorten gepflanzt, die auch heute alle noch auf spanischem Boden gedeihen.

In der Nähe von Sevilla, in Sanlucar La Mayor, befindet sich die Hacienda Benazuza, ein alter Gutshof, der im 12. Jahrhundert von den Mauren gebaut und später als Wohnsitz eines Adligen genutzt wurde. Das heute zu einem luxuriösen Grandhotel umgewandelte Gut beherbergt ebenfalls ein kleines Olivenölmuseum.

## Olivenbäume mit Sammlerwert in Córdoba

In der Nähe der Universität von Córdoba versteckt sich in einer großen Olivenplantage ein wertvoller Schatz. Es handelt sich um die weltweit größte Sammlung an Olivensorten, den Banco Mundial de Germoplasma de Olivo, mit mehr als 400 Ölbaumsorten. Davon werden über 260 heute noch in Spanien kultiviert.

Jedes Jahr werden 30 bis 40 neue Sorten aus aller Welt an dieses »Freilandmuseum« geschickt. Das Ziel eines solchen Inventars ist es, die Vielfalt der Olivensorten zu bewahren für den Fall, dass diese von Krankheiten oder Naturkatastrophen bedroht sein sollten. Außerdem werden wissenschaftliche Untersuchungen zu den Möglichkeiten der genetischen Optimierung durchgeführt.

Die Sammlung umfasst vier Pflanzen von jeder Sorte, zwei werden mit Bewässerung kultiviert, die übrigen beiden unter Bedingungen der Trockenheit.

Wenn eine neue Sorte alt genug ist, Früchte zu tragen, wird eine Ernteprobe an die Forschungsstation Venta del Llano in Mengíbar gesandt, die seit 1905 wissenschaftliche Untersuchungen zum Olivenöl anstellt. Dort wird in einer kleinen Mühle aus der neuen Sorte Öl gewonnen und begutachtet.

# Die wichtigsten spanischen Olivensorten

## Arbequina

Die Olive ist die erste, der eine geschützte Herkunftsbezeichnung in Spanien zugewiesen wurde, die D.O. Les Garrigues (in Katalonien). Die Arbequina soll von den Templern aus Palästina mitgebracht worden sein. Die kleine, nahezu runde Sorte wird häufig von Hand gepflückt. Sie ist als die Olive Kataloniens bekannt, man findet sie jedoch auch in den modernen Olivenhainen in Andalusien und der Estremadura. Aus ihr wird ein zartes, frisches Öl gewonnen, das nach grünen Äpfeln duftet und einen leichten Mandelton aufweist. Das zarte, lichtempfindliche Öl sollte jung und pur genossen werden.

## Hojiblanca

Die geschmackvolle Sorte besitzt Charakter und eine pikante Note. Ihr Öl zeigt sich kräuterwürzig und eignet sich hervorragend für Mischungen wie jene aus Baena oder Priego de Córdoba. Etwas ruhigen Ölen verleiht sie Lebendigkeit und Pfiff.

## Empeltre

Die kleine grüne Olive wird in Aragonien, Navarra und der Gegend um Valencia gezogen. Sie wurde von den Olivenbauern, die sie gelegentlich verschmähten, rehabilitiert und ergibt ein mildes, fast süßes Öl von strohgelber Farbe.

## Farga

Die bereits zur Zeit der Römer kultivierte Olive zählt zu den ältesten Sorten Spaniens. Die glatte, ovale Frucht findet sich in Aragonien sowie an den Ufern des Ebro. Ihre Wiederentdeckung beschert ihr hoffentlich ein langes Leben.

## Cornicabra

Diese unvergleichliche Sorte ist nach der Picual die beliebteste Olive Spaniens. Sie gedeiht bevorzugt in Kastilien, La Mancha und der Estremadura. Ihr Öl mutet eher mild an und erinnert im Aromenspiel an exotische Früchte. Ein hervorragender Begleiter für knackige Gemüsegerichte und frische Salate.

## Picuda

Die aus der Gegend von Córdoba stammende Sorte zeigt sich rund und fleischig mit blassem Fruchtfleisch. Sie hat einen spürbaren Anteil an den Ölen der D.O. Priego de Córdoba sowie an den Kompositionen aus Baena. Im Zusammenspiel mit den bodenständigeren Sorten Picual und Hojiblanca verleiht sie dem Öl kostbare Blütenaromen.

## Picual

Das Schmuckstück Andalusiens gilt als die Königin der spanischen Oliven. Sie gedeiht genauso gut in den Bergen (wo sie ein robustes Öl mit leichten Bitteraromen ergibt) wie in der Ebene (wo man aus der Picual ein frischeres, milderes Öl gewinnt) und findet sich in der Zusammenstellung mehrerer D.O.: Sierra de Segura, Sierra de Carzola, Sierra Mágina und in geringerem Maße Priego de Córdoba.

## Die wichtigsten spanischen D.O.

### Les Garrigues
Die erste europäische D.O. legte den Grundstein für das wieder erwachte Interesse an Olivenöl in Spanien. Das Anbaugebiet erstreckt sich über die hügelige Provinz Lérida. Die zugelassenen Sorten sind Arbequina und Verdial.

### Baena
Die Öle der D.O. in dem Gebiet um Córdoba und Castro del Rio sind sortenrein. Die einzige zugelassene Sorte, Picuda, stammt ursprünglich aus dieser Region.

### Siurana
Die Olivenbauern dieser Region sind schon bald dem Beispiel ihrer katalanischen Kollegen aus Lérida gefolgt. Ihr Öl wird aus den Sorten Arbequina, Royal und Morrut gewonnen.

### Montes de Toledo
Das geschützte Anbaugebiet erstreckt sich von Toledo bis Ciudad Real. Die vorherrschende Sorte ist Cornicabra, die hervorragend an das kontinentale Klima der Gegend (mit ihren sehr heißen Sommern und strengen Wintern) angepasst ist.

### Sierra de Segura
Die ausgedehnten, der Sorte Picual gewidmeten Olivenhaine dieser andalusischen D.O. erstrecken sich in der Umgebung von Jaen.

### Sierra de Cazorla
Ebenfalls in der Region von Jaen befinden sich die großen Ölbaumplantagen häufig bis zu einer Höhe von 800 Meter. Die beiden zugelassenen Sorten sind Picual und Royal.

### Sierra Mágina
Das größte Anbaugebiet auf spanischem Boden befindet sich ebenfalls in der Gegend um Jaen. Einzig zugelassene Sorte ist die Picual.

### Priego de Córdoba
Die in der Provinz Córdoba entstandene Appellation lässt drei Olivensorten zu: Picuda (die örtliche Sorte) sowie Hojiblanca und die unumgängliche Picual.

### Bajo-Aragón
Das Anbaugebiet von Teruel bis Saragossa ist für sein raues Klima bekannt (heiße Sommer, kalte Winter). Drei Sorten halten es hier aus: Empeltre (die örtliche Sorte), Arbequina und Royal.

### Gata-Hurdes
Die zaghafteste D.O. erstreckt sich um Cáceres in der Estremadura und ist als Erzeuger von Olivenöl noch wenig bekannt. Die Sorten Manzanilla und Cacerena, die in Spanien noch kaum Fuß gefasst haben, ergeben ein mildes Öl mit aromatischen Noten von tropischen Früchten.

# Die Olivenernte

Es ist kalt, die Böden sind gefroren, die Landschaft scheint scheu und geheimnisvoll. Die Männer versammeln sich im fahlen Winterlicht, die Olivenernte kann beginnen. Je nach Sorte, Reifezeitpunkt und Gegend kann sie bis April oder Mai (etwa im Süden Korsikas oder in Griechenland) andauern.
In traditionellen wie auch in kleinen Familienbetrieben wird noch von Hand gepflückt; eine undankbare Aufgabe für die Pflücker, eine kostspielige für die Olivenbauern.
Je nach Laune der Natur ist der Boden entweder durchnässt oder gefroren. Die Finger sind steif, die Nase gefühllos. Die Männer (nur wenige Frauen üben diese Tätigkeit aus) sind in mehrere Wollschichten eingemummt, darüber tragen sie dicke Parkas. Gummistiefel oder hohes, festes Schuhwerk sind notwendig. Auch die Wollmütze fehlt nur selten. Nun ist die Sonne aufgegangen.
Die Pflücker beginnen mit den untersten Ästen und arbeiten sich nach und nach bis oben vor. Um die obersten Äste zu erreichen, verwenden sie eine merkwürdige Holzleiter, die an eine Staffelei erinnert, und lehnen diese gegen den Stamm. Mechanisch lassen sie ihre Hände durch die raschelnden Zweige gleiten und achten darauf, die jungen Triebe, die die nächste Ernte hervorbringen werden, nicht zu beschädigen. Die Ernte muss ausgezeichnet sein, keine einzige Frucht darf verletzt werden, sie dürfen nicht einmal eine leicht dunklere Stelle aufweisen. Die Steinfrüchte werden unverzüglich in Körbe getan, die die Pflücker sich um die Hüften oder über die Schulter gehängt haben. Wenn diese voll sind, werden die Oliven äußerst behutsam in andere Körbe gefüllt. Da sie seit Jahren mit dieser Tätigkeit vertraut sind, erkennen die Männer auf einen Blick die weniger schönen Oliven und entfernen diese. Die Übrigen werden sogleich zu den Orten der jeweiligen Weiterverarbeitung geschickt.

Diese überlieferte Erntemethode gilt heute aus Kostengründen als Privileg einiger renommierter Güter, aber auch jener Anwesen, deren geographische Lage keine andere Erntemethode zulässt: Olivenplantagen an terrassierten oder sehr steilen Hängen wie auch sehr eng bepflanzte Haine. Das Verfahren wird jedoch auch systematisch bei der Ernte von Tafeloliven angewandt. Wer die Ehre erlangen will, eingelegt zu werden, muss ein makelloses Aussehen vorweisen können.
Auf anderen Gütern sind die Pflücker weniger zahlreich. Bevor sie die Bäume von ihren Früchten befreien, spannen die Pflücker große rote, blaue oder weiße engmaschige Nylonnetze. Der solcherart verpackte Boden ist dem Blick entzogen. Die Männer lassen die Oliven nun von Hand, mit der Stange oder mit dem Rüttelrechen in die Netze fallen. Sie fallen so nicht auf den Boden, was sie beschädigen würde, denn es heißt: Eine Olive, die den Boden berührt hat, ist verdorben und für immer verloren. Sie werden aufgelesen und in kleinen Lattenkisten zur Ölmühle transportiert, wo sie so rasch wie möglich verarbeitet werden, denn das Öl ist umso besser, je früher die Oliven nach der Ernte zermahlen werden.
Die Ernte von Hand wird zunehmend von einigen Nostalgikern oder Anhängern des Guten, Schönen, Wahren in Ehren gehalten und praktiziert. Denn der Preis jener außergewöhnlichen und seltenen Öle ist mit jenem von Spitzenweinen zu vergleichen.

»An Sankt Katharina ist das Öl schon in der Frucht.«

Bis vor kurzem waren Olivenkultur und Weinanbau – zumindest in Frankreich und Italien – zwei sich ergänzende Aktivitäten. Nach dem Ende der Weinlese rückten die Oliven ins Blickfeld. Ihr wundervolles Öl galt als zusätzliche Einnahmequelle des Winzers, die durchaus angenehm war, aber etwas gering geschätzt wurde. Die neuen Erzeuger, die sich der steigenden Beliebtheit des Öls bewusst sind, haben sich entschlossen, ganz oben mitzuspielen, und sich entsprechend für eine einzige Kultur entschieden, jene des Olivenbaums. Stolz auf ihre Anbauflächen, sind sie natürlich auf der Suche nach Quantität, aber ebenso nach Qualität, Geschmacksnoten und Aromen. Inspiriert vom Wissen und den kühnen Lösungen der gen, auf die sie stolz sein können und die ihnen als Markenzeichen, im edelsten Sinne des Wortes, dienen werden. Für diese Erzeuger gehört das Pflücken von Hand ein für alle Mal der Vergangenheit an.

Selbst auf Korsika, jenem Paradebeispiel des traditionellen Anbaus, wo die Bauern früher Laken unter die Bäume spannten und warteten, bis die reifen Früchte herunterfielen, wo das Gelände häufig steil und die Betriebe klein sind, wird nicht länger von Hand geerntet – der schöne Korb hat ausgedient. Die Holzstangen wurden durch mechanische Kämme ersetzt, die Äste der Ölbäume werden nun von einem einzigen Pflücker gerüttelt, der mithilfe seines Kammes oder Rüttel-

Winzer, machen sie sich auf die Suche nach dem neuen Gold. So lassen sie neue Olivenhaine entstehen, schaffen eine andere, sehr zeitgemäße Landschaft. Der Olivenbauer der heutigen Zeit ist ständig auf der Suche nach neuen Sorten, interessiert sich leidenschaftlich für die aktuellste Spitzentechnologie und zögert nicht, Traditionen und überlieferte Produktionsverfahren zu verwerfen. Hier wird bei Bedarf bewässert, beim ersten Anzeichen von Schädlingen oder Krankheiten auch gespritzt. Die Olivenplantage wird mit größter Liebe und Sorgfalt bewirtschaftet. Gleichzeitig verlieren sie die Zukunft nicht aus den Augen, denken auch als Investor und Unternehmer. Sie haben sich zum Ziel gesetzt, individuelle Spitzenöle zu erzeu-

kamms die reifen Oliven in die Netze fallen lässt. Die Arbeit geschieht zwar noch von Hand, geht aber doch schneller vor sich.

Auch in den übrigen Anbaugebieten werden diese neuen Geräte seit langem eingesetzt. Sie lassen sich nunmehr gut regeln und handhaben und haben ihre anfängliche Härte verloren. So werden die Personalkosten gesenkt, was sich wiederum unmittelbar auf den Preis des fertigen Produkts auswirkt, ohne dass dessen Qualität beeinträchtigt würde.

Andere Erzeuger gehen noch weiter und entscheiden sich für intensiven Anbau in Verbindung mit der Anwendung von

Spitzentechnologie. In ihren Plantagen wird nichts dem Zufall überlassen. Es werden neue Olivensorten gepflanzt, Wachstum und Schnitt sorgfältig überwacht. Die Kontrolle des Zwischenraums zwischen den einzelnen Bäumen soll einen harmonischen Wuchs und ein zeitgleiches Heranreifen aller Früchte gewährleisten.
Diese vorbereitenden Arbeiten erlauben es, Jahr für Jahr die Entwicklung der Bäume vollkommen zu kontrollieren und dann maschinell zu arbeiten mit Geräten, die jenen der Weinlese sehr ähnlich sind. Auf diese Weise kann eine einzige Arbeitskraft mithilfe der Maschine pro Tag dreißig Tonnen reife Oliven ernten. Gegen Ende des Produktionsprozesses sind die Vorzüge beeindruckend: wenig Arbeitskräfte, geringe Kosten, kein Netz und ein unglaublicher Zeitgewinn. Dank dieser Methode erreichen die Oliven innerhalb von zwei Stunden nach der Ernte die Mühle, was sich sehr positiv auf die Qualität des Produkts auswirkt.
In Andalusien, wo die Olivenhaine einige Hektar umfassen können und die Zahl der Ölbäume sich auf einige Millionen beläuft, fahren seit langer Zeit Maschinen durch die Baumreihen, ohne dass dies der Qualität des spanischen Olivenöls schaden würde, im Gegenteil.

Das traditionelle Pflücken von Hand ist nach wie vor in manchen Olivenpflanzungen zu beobachten: Die Netze werden ausgelegt, die Früchte mit Stöcken von den Bäumen geschlagen und dann in hübschen kleinen Körben gesammelt.

# Aromatisiertes Olivenöl

In ländlichen Küchen wurden bereits früher aromatisierte Öle hergestellt. Wer besaß damals kein Rezept für Basilikum-, Bohnenkraut-, Rosmarin-, Thymian- oder Knoblauchöl? Wer mischte dem hauseigenen Öl nicht Pulver und andere Würzstoffe aus der Natur bei, die man in der Umgebung des eigenen Hofes gesammelt hatte? Jahrhundertelang gelangten diese Rezepte als bestgehütetes Geheimnis nicht über die Küchenschwellen hinaus. Die Schaffensfreude der heutigen Ölmüller ließ diese Traditionen aufleben.

Am innovativsten im Bereich des aromatisierten Olivenöls sind, einmal mehr, die Katalanen. Die Borges Pont erzeugen seit 1896 Spitzenöle und sind der größte Exporteur spanischen Olivenöls. Ihrem Land und ihrer Region sehr verbunden und immer auf der Suche nach Neuerungen und großen Feinschmeckern, haben sie Gefallen an den kulinarischen Kreationen des berühmten katalanischen Chefs Ferran Adrià gefunden. Der außergewöhnliche Gastronom kann sich immer wieder für neue Beschaffenheiten begeistern und gilt als Erfinder einer unberechenbaren, intelligenten und avantgardistischen Küche. Als wahrer Geschmacksalchimist analysiert er zunächst genau die Geschmacksnoten, Farben, Düfte und Beschaffenheit eines jeden Produkts, bevor er es dann verwendet und verwandelt. So nahm er dann auch mit Freude das Angebot des Unternehmens Borges Pont, an der Kreation einer Reihe von aromatisierten Olivenölen mitzuarbeiten, an. Allerdings bestand er darauf, der eigenen Philosophie treu zu bleiben. Er forderte insbesondere, von einem vollkommenen Öl ausgehen zu dürfen (wie jenes, das er in seinem Restaurant El Bulli verwendet). Unternehmer und Künstler arbeiten nun »mano en la mano« und begeistern sich beide für eine sehr milde Cuvée – mit einem Fettsäuregehalt unter 0,4 % –, die im Wesentlichen aus der Sorte Empeltre zusammengestellt wurde.

Als Nächstes musste ein schonendes, ausgeklügeltes Verfahren des Aromatisierens entwickelt werden. Nach einigen Versuchen war die Lösung schließlich gefunden: Das Öl wird mit den jeweiligen Aromastoffen – Kräutern oder Gewürzen – erwärmt und schließlich wie in einem Mixer geschlagen. Anschließend kehrt der Küchenchef zu den klassischen Verfahren des Dekantierens und Filtrierens zurück, um so ein vollkommen klares und fein aromatisiertes Öl zu erhalten. Den Kombinationsmöglichkeiten sind keine Grenzen gesetzt, so etwa die Klassiker: Olivenöl mit frischem Rosmarin, Zitronenschale, Basilikum oder Knoblauch. Die überbordende Fantasie von Adrià lässt jedoch auch weitere, zum Teil erstaunliche Verbindungen entstehen: Vanille, Kaffee, Soja-Ingwer, Pfefferschote-Kardamom, Zimt-Vier-Pfeffer.
Die Entdeckung hat seitdem Schule gemacht. Auch weitere Ölmüller haben sich für diese Neuerung erwärmt und zusätzliche aromatisierte Olivenöle geschaffen: mit schwarzen oder weißen Trüffeln, Pfefferschote, Champignons usw.

Die Küchenchefs haben diese Mode ebenfalls für sich entdeckt und verleihen diesen neuen Produkten in ihren Küchen einen gebührenden Platz.
Doch was uns in den 1980er-Jahren revolutionär vorkam, will heute schon fast banal erscheinen – der Preis des Erfolgs ...

# Artischocken mit Serrano

Für vier Personen

## Zutaten

500 g Artischockenherzen (im eigenen Saft aus der Dose)
10 cl Olivenöl
2 dünne Scheiben Serrano-Schinken, in feine Streifen geschnitten
Mildes Olivenöl
Pfeffer aus der Mühle, Salz

Die Artischocken zwei Stunden abtropfen lassen. Das Olivenöl in einem Schmortopf auf 180 °C erhitzen und die Artischockenherzen 10 Minuten darin schmoren, immer wieder umrühren, dann die Serrano-Streifen hinzufügen. Sobald die Schinkenstreifen knusprig gebraten sind, salzen, pfeffern und nach Belieben mit Olivenöl beträufeln.

# Sardinen-Tapas

Für sechs Personen

## Zutaten

18 frische Sardinen, filetiert (ohne Gräten)
4 Frühlingszwiebeln, in feine Ringe geschnitten
2 Knoblauchzehen, geschält (ggf. Keim entfernt), zerdrückt
Einige Blättchen glatte Petersilie oder Koriander
Saft von 2 Zitronen
50 cl Olivenöl
Salz
Scharfe Paprikaflocken, nach Belieben

Eine erste Schicht Sardinenfilets in einer Schüssel auslegen und mit Zwiebelringen, Knoblauch und Petersilien- oder Korianderblättchen belegen. Salzen und mit den Paprikaflocken würzen. Weiterschichten, bis alle Zutaten verbraucht sind. Mit Zitronensaft und Olivenöl begießen.
Mit Klarsichtfolie abgedeckt mindestens 2 Stunden im Kühlschrank ziehen lassen.
Vor dem Servieren einige Minuten bei Zimmertemperatur ruhen lassen.

# Samorejo

Für vier Personen

Das Brot vom Vortag in etwas Wasser einweichen und gut ausdrücken. Zusammen mit den Tomaten, Knoblauchzehen, dem Olivenöl, Salz und Pfeffer in einem Mixer zu einer homogenen Masse vermischen.
Diese auf vier Teller oder Schälchen verteilen und jeweils mit etwas Ei und den Serrano-Streifen garnieren. Kühl stellen.
Kurz vor dem Servieren werden Essig und das Neue Olivenöl über jede Portion verteilt. Zu Samorejo wird getoastetes Weißbrot gereicht.

## Zutaten

400 g trockenes Weißbrot
6 Tomaten mit heißem Wasser blanchiert und gehäutet
2 Knoblauchzehen, geschält (ggf. Keim entfernt), zerdrückt
25 cl Olivenöl
Pfeffer aus der Mühle, Salz
1 hart gekochtes Ei, mit der Gabel zerdrückt
4 Scheiben Serrano-Schinken, in feine Streifen geschnitten
1 EL Olivenöl (nach Möglichkeit Neues Olivenöl)
1 EL Sherry-Essig
4 Scheiben Sauerteig-Weißbrot, getoastet

# Marinierte Zucchini

Für vier Personen

Die Enden der Zucchini abschneiden. Das Gemüse der Länge nach halbieren, eventuell die Kerne mit einem Apfelausstecher entfernen und in kleine Rechtecke schneiden.
In einem Schmortopf das Olivenöl erhitzen und die Zucchinistücke 3 Minuten goldbraun anbraten. Mit einem Schaumlöffel herausheben, sie kurz auf Küchenkrepp abtropfen lassen und in eine Schüssel geben.
Im selben Topf die Paprika und den Knoblauch kurz anbraten und mit Sherry-Essig ablöschen.
Diese Mischung auf den Zucchinis verteilen, salzen und pfeffern. Das Ganze gut vermischen und vor dem Servieren 2 Stunden an einem kühlen Ort ziehen lassen.
Kurz vor dem Servieren mit den Minzeblättchen dekorieren.

## Zutaten

6 feste grüne Zucchini
3 EL Olivenöl
1 kleine rote Paprikaschote, entkernt und in Ringe geschnitten
2 Knoblauchzehen, geschält (ggf. Keim entfernt), frisch gehackt
1 EL Sherry-Essig
Einige Minzeblättchen
Salz und Pfeffer

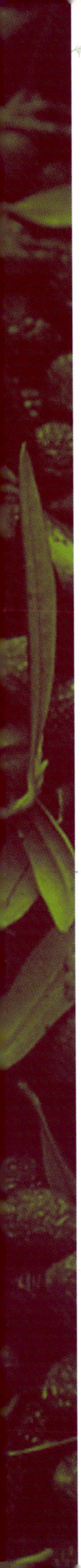

# Kabeljau-Cevice mit Olivenöl

Für vier Personen

## Zutaten

600 g ganz frischer, weißer Kabeljau
Saft von 2 Limonen
Saft von 1 Zitrone
4 EL katalanisches Olivenöl
Feines Meersalz, wenn möglich *Fleur de sel*
Pfeffer aus der Mühle
1 EL spanische Kapern

Den Kabeljau in feine Scheiben schneiden. In eine Schüssel geben und mit dem Zitronensaft begießen. Das Olivenöl hinzufügen, salzen und pfeffern. Mindestens 2 Stunden an einem kühlen Ort ziehen lassen.
Die Fischstücke abtropfen lassen, auf einem Servierteller anrichten und mit den Kapern dekorieren.

*Die Flasche Olivenöl wird mit auf den Tisch gestellt, sodass das Gericht kurz vor dem Verspeisen noch mit etwas Olivenöl beträufelt werden kann.*

# Barcelona-Schokolade

Pro Person

## Zutaten

2 Scheiben Weißbrot mit dicker Rinde
Junges, adstringierendes Olivenöl
6 Stücke Bitterschokolade
Feines Meersalz, wenn möglich *Fleur de sel*

Das Brot in zwei Scheiben von mittlerer Dicke schneiden, dann in insgesamt sechs Stücke von etwa 5 x 5 cm. Jedes Stück mit einigen Tropfen Olivenöl beträufeln. Die Aromen einige Augenblicke einwirken lassen. Auf jedes Brot ein Stück Schokolade legen und kurz unter dem Grill schmelzen lassen. Mit feinem Meersalz bestäuben.

*Zu Barcelona-Schokolade wird ein Glas gut gekühlter weißer Fino gereicht.*

# Orangensalat »Núñez de Prado«

Für vier Personen

## Zutaten

6 saftige Orangen
6 EL flüssiger Honig
1 unbehandelte Zitrone
Einige spanische Kapern zum Dekorieren
Tropföl Núñez de Prado

Die Orangen sorgfältig schälen und die Filets herausschneiden. Den Saft in einer Salatschüssel auffangen, den Honig unterrühren und die Orangenfilets hinzufügen. Zugedeckt etwa eine Stunde an einem kühlen Ort ziehen lassen.

In der Zwischenzeit von der Schale der Zitrone mit dem Zestenreißer Streifen abhobeln und die Frucht auspressen. Beiseite stellen.

Die Orangenfilets mit ihrem Saft und dem Zitronensaft auf Tellern arrangieren, mit den Streifen der Zitronenschale und, wenn gewünscht, einigen Kapern dekorieren. Kurz vor dem Servieren großzügig mit dem Tropföl übergießen.

# Portugal – Entdeckung eines Anbaugebietes

**Portugal, das gering bevölkerte und nicht besonders reiche Land, das vom übrigen Europa lange Zeit ignoriert wurde, erlebt einen Wiederaufschwung. In unserer Vorstellung zählt es zu den Mittelmeerländern, wenngleich all seine Küsten auf den Atlantik blicken. Olivenbäume sind in Portugal heimisch und die Bevölkerung besinnt sich soeben darauf, dass der Anbau dieses Baumes sich als lohnend erweisen könnte.**

Die Vergangenheit des kleinen Landes ist sagenumwoben, denn die Portugiesen waren immer voller Tatendrang. Schließlich war Portugal das erste Land, das sich in die großen Abenteuer des 15. und 16. Jahrhunderts stürzte. Die Portugiesen rüsteten ihre Schiffe und zogen aus, den Atlantik zu erobern, sie entdeckten mehrere Inseln und die Küsten Afrikas. Die großen Reisenden wie Bartolomeo Diaz, Vasco da Gama oder Pedro Alvarez Cabral zog es noch weiter, hin zur Entdeckung neuer Welten, die den Ruhm und den Reichtum des Landes ausmachen sollten.
Beim Auslaufen stapelten sich die Krüge mit Olivenöl in den Karavellen, die beladen mit Gold, Sklaven und Gewürzen zurückkehrten, und es entwickelte sich ein neuer Lebensstil: Es war die Zeit der exotischen Tiere, Orangen und Zitronen eroberten die portugiesischen Tafeln, später jene des übrigen Europa, und schon bald wurden neben Olivenbäumen Zitrusfrüchte angebaut.

Nach dieser ruhmreichen Zeit, auf die eine große Rezession folgte, fand Portugal nur unter großen Schwierigkeiten zu sich selbst zurück. Das Land war aufgeteilt in eine reiche Oberschicht, die häufig ins Ausland zog, dort ihren Reichtum

*Der Boden ist karg, doch die Olivenbäume geben sich zufrieden und liefern auch in leicht verkümmertem Zustand noch Früchte. Schon bald werden sich hier üppige Olivenhaine erstrecken, denn in Portugal ist man sich nun des kulturellen Erbes der Ölbäume bewusst.*

mehrte und dann zurückkehrte, Großgrundbesitzer, die ihr Land wie im Mittelalter verwalteten, und das Volk, das mehr schlecht als recht lebte. Im Laufe von zwei Generationen hat sich alles so grundlegend verändert, dass die Olivenhaine Portugals, selbst jene der großen Güter, häufig vernachlässigt wurden. Die Produktion von Olivenöl war auf die Deckung des Eigenbedarfs begrenzt oder wurde außerhalb Europas zu Schleuderpreisen an industrielle Hersteller verkauft. Die kleinen Landwirte hatten nur mühsam ihr Auskommen und überließen ihre Olivenbäume dem Schicksal. Sie pflückten, was sie konnten, zur Deckung des persönlichen Bedarfs, oder, schlimmer noch, produzierten Öle von miserabler Qualität, die sie unkonfektioniert ausführten und somit ihren Ruf sowohl bei professionellen Käufern wie auch bei Privatkunden verspielten.

Die Topographie des kleinen Landes, die unterschiedlichen klimatischen Bedingungen – regnerisch im Norden, trocken im Süden , die kargen Böden und die Hindernisse, auf die man beim Ausbau des Verkehrswegenetzes stieß, haben Portugal lange Zeit isoliert. Die konstante Auswanderung in andere europäische Länder hat das Land verarmen lassen und zugleich aber auch bereichert. Denn kehrten die Emigranten zurück, brachten sie nicht nur klingende Münze heim, die sie wiederum investierten, sondern auch Erfahrung und Wissen, das sie der jüngeren Generation weitergaben, die im Land bleiben wollte. Die Dörfer erlebten somit einen allmählichen Bevölkerungszuwachs, und die Familienbetriebe erfahren heute neuen Aufschwung, der zum Teil mithilfe der Europäischen Union finanziert wird.

Nach und nach entdecken auch die Portugiesen selbst ihr Land wieder. Sie sind sich ihrer kulturellen Identität bewusst und wissen, dass sie mehr sind als einfache Hersteller von Azulejos und Portwein. Eine Rückbesinnung auf die kulturellen Werte der Gastronomie findet statt und somit auch auf das Olivenöl. Portugal hat erkannt, dass sein Öl durchaus besser ist als dessen Ruf, doch gilt es noch, dies kundzutun und unter Beweis zu stellen. Mithilfe der Europäischen Union wurden so genannte »Geschützte Herkunftsbezeichnungen« (die Entsprechung des französischen I.G.P.) geschaffen, die die Herkunft der Oliven aus einer bestimmten Region gewährleisten, sowie D.O.P. (Denominação de Origem Protegida, die Entsprechung des französischen A.O.C.), die nicht nur garantieren, dass die Öle aus Oliven einer bestimmten Lage stammen, sondern diese Flächen auch gemäß den EU-Kriterien bewirtschaftet werden. Leider sind zwei Drittel der im Land verbrauchten Olivenöle eine Mischung aus Nativem und raffiniertem Olivenöl. Glücklicherweise geht der Trend der Produktion heute in die entgegengesetzte Richtung, zum »Nativen Olivenöl« und »Nativem Olivenöl extra«.

Im Vergleich zu anderen europäischen Ländern hat es sich als enormer Vorteil erwiesen, dass, aufgrund der Knappheit der Mittel in der portugiesischen Landwirtschaft, die Olivenhaine von Pestiziden und anderen schädlichen Produkten frei geblieben sind. Portugal könnte heute damit werben, überwiegend Olivenöl in Bioqualität herzustellen.

Wenngleich die eher an das 19. Jahrhundert erinnernde Sozialstruktur nach und nach an Bedeutung verliert, hat sie doch deutliche Spuren hinterlassen. Im beeindruckenden Tal des Douro haben die Portwein-Rebflächen eine atemberaubende Landschaft entstehen lassen. Olivenbäume müssen

sich hier mit einer reinen Statistenrolle begnügen. Selbst wenn sie zur Gewinnung von Olivenöl angebaut wurden, schienen sie doch – bis vor kurzem – nicht interessant genug, um tatsächlich Gewinn bringend vermarktet zu werden. Darüber hinaus muss etwa Terra Fria, im Osten des Douro-Tals, noch aus der Isolation befreit werden: Hier geschieht die Feldarbeit nach wie vor mit Karren und Maultier.

Die zahlreichen Gegensätze des Landes – arm und reich, traditionell und progressiv, aufgeschlossen und von der Außenwelt abgeschottet – verheißen Gutes: Portugal zählt zu den Ländern Europas, die in den letzten Jahren – trotz der Überalterung der Bevölkerung und den nach wie vor großen Unterschieden im Lebensstandard – die größten Fortschritte verbuchen konnten.

*Hervorragend geschnitten und gepflegt: Dies ist der portugiesische Olivenbaum des 21. Jahrhunderts.*

*Wie überall finden auch in der Region Douro Reben und Olivenbäume zu einem stimmungsvollen Miteinander.*

# Die Quinta a capella dos olivais

## Ein Unternehmen mit Familiensinn

*Der Eingang zur vor kurzem restaurierten Quinta von Olivier Baussan und seiner Familie.*

Olivier Baussan gründete zunächst *L'occitane* als Hommage an die Provence, später auch *Oliviers & Co.*, das einzige französische Unternehmen, das eine Reise durch die Welt des Olivenöls anbietet. Hierfür wählt er mit der Hilfe von Éric Verdier die feinsten Erzeugnisse aus.

Unterstützt von seinem Onkel Albert und seiner Tante Yolande hat sich Olivier Baussan vor einiger Zeit auch zur eigenen Ölgewinnung entschlossen. Die Olivenplantage ihrer Träume haben sie im portugiesischen Trás-os-Montes entdeckt: eine am Dorfausgang gelegene *quinta* mit dickem Mauerwerk und sechzig Hektar Ölbäumen, von denen sechs unmittelbar das Haus umgeben, das Yolande mit der ihr eigenen Energie und Liebe zum Detail restauriert. Sie ist auf allen Baustellen zu finden und lernt Portugiesisch, um vor Ort mit den Bauunternehmern zu verhandeln. Im Kopf hat sie sich bereits alles zurechtgelegt und so entworfen, dass es der Geschichte der *quinta* gerecht wird. Sie ist durch nichts aufzuhalten und die Zimmer werden, kaum ist der Rohbau fertig gestellt, auch schon dekoriert, selbst die Badezimmer besitzen ihre eigene Wäsche. Albert hingegen ist ein begeisterter Naturfreund. Sobald er auf der Quinta angekommen ist, fährt er mit dem Traktor hinaus zu den Ölbäumen von Olivier, um nach ihnen zu sehen. Einzig aus Liebe zu diesem Baum, der das Wesen der Mittelmeerländer widerspiegelt, hat er sich in dieses Abenteuer gestürzt. Hier überlässt er nichts dem Zufall. Verliebt in seine *quinta,* hat er sie zunächst beobachtet, ist um sie herumgeschlichen und hat sich schließlich an die Arbeit gemacht.

HUILE D'OLIVE
RÉCOLTE 2005
A CAPELA DOS OLIVAIS
AZEITE
A.O.P TRAS-OS-MONTES
500 ML

Anschließend hat er Jean-Marie Baldassari und einen befreundeten Gärtner gebeten, sich der Ölbäume anzunehmen. Sie haben sich zunächst um die Pflege des Bodens gekümmert. Anschließend wurden einige Neupflanzungen vorgenommen, dabei die Parzellen ausgeglichen (einige Ölbäume sind dreißig Jahre alt, andere nur drei) und die Reihenbildung nicht außer Acht gelassen, sodass jeder Baum sich frei entfalten kann. Die Zahl der Ölbäume pro Hektar wurde sorgfältig berechnet. Schließlich wurde der Gesundheitszustand der Bäume überprüft und ein sanfter Schnitt durchgeführt. Dieser ist, so Baldassari, von wesentlicher Bedeutung: »Man muss das Innere des Baums erreichen können, ohne ihn zu verletzen. Licht und Sonnenstrahlen müssen überall hindurchscheinen können, ohne jemals den zentralen Stamm zu verbrennen.«

*Auch im 21. Jahrhundert wird mitunter noch ohne maschinelle Hilfe gearbeitet.*

Nun da die Probleme der Bäume beseitigt sind, kann man sich deren Früchte mit derselben Sorgfalt widmen. Wenn sie ihre aromatische Reife erreicht haben, werden sie, je nachdem, mit der Hand oder mit dem elektrisch betriebenen Kamm geerntet. Anschließend werden sie in gut belüftbaren Lattenkisten zu jeweils höchstens zwanzig Kilo verpackt, sodass die Früchte keinen Schaden nehmen und auch nicht zu gären beginnen. Weniger als drei Stunden später sind die Oliven bereits in der Mühle der *quinta* angekommen, die Olivier Baussan vollständig erneuert hat. Mit dem Ziel, seine Oliven und somit sein Öl zu schützen, hat er sie zu einem wahren Laboratorium umgewandelt. Die Lastwagen laden die Oliven vor dem Gebäude ab, die anschließend mit kaltem Wasser gewaschen werden. Ventilatoren sorgen dafür, dass sie sich nicht erwärmen. Sie werden im Freien zermahlen. Die drei Mahlsteine aus Granit wurden hierfür so restauriert, dass eine einzige Umdrehung des Steins ausreicht, um Fleisch und Steine zu zermahlen. Durch dieses Verfahren wird vermieden, dass der Olivenbrei sich zu stark erwärmt oder zu lange der Luft ausgesetzt ist. Der Brei wird vielmehr sofort im Dekanter aufgefangen, aus dem das Öl abtropfen kann. Auf diese Weise ist es Olivier Baussan gelungen, Tradition mit Spitzentechnik zu verbinden, schließlich möchte er nichts beweisen, sondern lediglich sich selbst und anderen die Freude eines qualitativ hochwertigen Produkts bereiten.

Er ist seinem Boden treu geblieben, indem er die drei lokalen Sorten anbaut, die für die D.O.P. seiner Gegend wesentlich sind: *Cobrançosa, Madural*

und *Verdal*. Die einzigen von ihm durchgeführten Neuerungen liegen im Bereich der Ernte, die Ende Oktober (der Zeit der aromatischen Reife) stattfindet und nicht im Dezember, wie es dem örtlichen Brauch entspricht. Tatsächlich können die Dorfbewohner seine Entscheidung nur schwer nachvollziehen, schließlich benötigt er acht bis neun Kilo Oliven für einen Liter Öl statt der bei einer späteren Ernte üblichen fünf. Aber die Qualität spricht für sich.

Weiteren Anlass zum Staunen bietet der Wille dieses bemerkenswerten Mannes, seine Mitarbeiter die bäuerlichen Gewohnheiten aufgeben zu lassen. Tatsächlich verpflichtet er sie, Hygienevorschriften einzuhalten, die ihnen zunächst überflüssig erschienen: Über der Kleidung wird ein Kittel getragen, die Schuhe werden bei Betreten der Mühle gegen Arbeitsschuhe getauscht, die Hände regelmäßig gewaschen usw. Die Angestellten sind gehalten, sauber und unparfümiert am Arbeitsplatz zu erscheinen. Nach und nach öffnen sich die örtlichen Arbeiter, die pro Tag und nicht nach Auftrag bezahlt werden, diesen neuen Gewohnheiten, die ihre Arbeit aufwerten.

Dieses Jahr war die Produktion noch gering und eher für einen kleinen Kreis bestimmt. Sämtliche Hoffnungen von Olivier Baussan stützen sich nun auf die Ernte des kommendes Jahres. Gleichzeitig denkt er bereits weiter: Gern würde er einen Teil seines Öls mit den Schalen von Zitrusfrüchten – Zitronen und Mandarinen – aromatisieren, die er entsprechend den Normen des biologischen Landbaus kultiviert. Die ersten Versuche unternahm er, indem er dem Olivenbrei Zitronenschalen beigab. »Es funktioniert gut,« sagt er, »und alles passt zusammen, da die Olivenernte mit der Reife der Zitrusfrüchte zusammenfällt.«

# Eine glänzende Zukunft

## oder das Versprechen prachtvoller Güter

Almendra und die Casa agricola Roboredo Madeiro ... Die wilden, großartigen Landschaften, die dem Rhythmus der Hügel folgen, tragen Rebstöcke, Mandelbäume und Ölbäume einer anderen Zeit. Es ist diese Vielfalt, die die Eigenart der Casa agricola ausmacht.

Seit dem 17. Jahrhundert bewirtschaftet die Familie Madeira ihr eigenes Land, riesige Flächen im Tal des Douro, die von einer Generation zur nächsten noch erweitert wurden. Das wilde Gelände wurde von den Madeiras urbar gemacht. Der Vater Celso hat zunächst ein Studium als Ingenieur absolviert. Nach Beendigung seiner Laufbahn wandte er sich der Landwirtschaft zu

*Am Ende des Weges erhebt sich das Kloster zwischen den Hügeln.*

*Im Licht- und Schattenspiel ruht der Portwein in einer Kristallkaraffe.*
*Ein junger Bauer auf einem Esel begutachtet seine alten Rebstöcke und Olivenbäume.*

und wacht nun, zusammen mit allen Familienmitgliedern, über die Ländereien.
Ihm ist die Entwicklung der Olivenanbaus zu verdanken, wobei er seine außergewöhnliche Produktion niemals zu Schleuderpreisen verkauft. Innerhalb weniger Jahre führte er die hundertjährigen Ölbäume, die auf dem Land der Familie gedeihen, zu neuen Erträgen und ließ weitere Olivenhaine anlegen, sodass nun eine Fläche von über 250 Hektar mit lokalen Sorten *(Madural, Verdal, Negrinha* und *Cobrançosa)*, die zur D.O.P. Tras-os-Montes zählen, bewirtschaftet wird.

Jede *quinta* produziert ihr eigenes Olivenöl, jeder Boden hat seine spezifische Eigenart. Produziert wird jedoch mit einer einheitlichen Technik, die mit großem Engagement angewandt wird. Die

Erntezeit erstreckt sich von Ende Oktober bis Anfang Dezember. Wie viele moderne Olivenbauern hat sich Celso Madeira entschieden, die Oliven zum Zeitpunkt der aromatischen und nicht der physiologischen Reife zu ernten. Je nach Gelände, nach dem Wuchs der Ölbäume und dem Aussehen der Oliven, geschieht das Pflücken von Hand oder mit mechanischen Rüttelkämmen. In kleinen Lattenkisten von jeweils höchstens fünfzehn Kilo werden die Oliven noch am selben Tag zur hochmodernen Mühle transportiert, die vor kurzem in einer der *quintas* untergebracht wurde. Die Früchte werden von den Blättern befreit und gewaschen, anschließend mithilfe eines kegelförmigen Mahlsteins, der sich langsam dreht, zermahlen. Die Gewinnung des Öls geschieht in einer *sinolea* durch Filtrierverfahren. Anschließend wird das Öl dekantiert und in eine Zentrifuge geleitet, die es von möglichen Rückständen befreit. Bei keinem dieser Arbeitsschritte steigt die Temperatur jemals über 25 °C. Das Olivenöl wird sodann, licht- und wärmegeschützt, in Behältern aus rostfreiem Stahl gelagert.
Auf diese Weise werden alljährlich mehr als acht Spitzenerzeugnisse *(Crus)* hergestellt. Sie tragen den Namen der jeweiligen *quinta* und besitzen einen eigenen Charakter, der von der Höhe der Anbaufläche, dem Alter der Ölbäume oder den verwendeten Sorten bestimmt wird.
Celso Madeira ist stolz darauf, dass die großen portugiesischen Restaurants und Hotels regelmäßig seine Öle auswählen. Seine nächste Herausforderung ist die Erzeugung eines sortenreinen Öls aus der *Madural,* seiner bevorzugten Sorte und die schönste seiner Plantagen. Er hofft trotz der Schwierigkeiten auf ein Gelingen seines Unternehmens, denn die *Madural* ist durchaus eigen, wild und authentisch. Er hofft, dass sie viele Freunde finden wird.

Im Tal des Douro erstrecken sich die Ländereien der für ihren Portwein berühmten Quinta de Heredia über mehrere Hektar. Von dem Anwesen mit Zisterzienserkapelle und dem kühlen Kreuzgang geht ein gewisser Zauber aus. Hier deckt Mauricette Mordant an Sommerabenden den Tisch und lädt Freunde zu ihren legendären Essen ein.
Die temperamentvolle Frau hegt eine große Leidenschaft für Portwein und ihre Erzeugnisse zählen zu den berühmtesten des Landes. Zwischen den Rebflächen finden sich auf Terrassen, die von Trockensteinmauern gestützt werden, auch einige Olivenbäume. Es wird von Hand gepflückt, die Produktion ist ausschließlich für den eigenen Gebrauch bestimmt. Großzügig hat uns die Hausherrin zu einigen typisch portugiesischen Gerichten eingeladen, die auf herkömmliche Weise zubereitet und mit dem hauseigenen, urwüchsigen, doch eleganten Olivenöl beträufelt wurden. In der privaten Atmosphäre des Kreuzgangs werden Olivenölbrötchen, Bacalao und weitere Köstlichkeiten serviert. Dazu reicht man Spitzenportweine, die hervorragend zu dieser authentischen Küche passen, die bislang vom Diktat der großen Gastronome verschont geblieben ist.

Bis zum heutigen Tag ist das Olivenöl der Quinta de Heridia ausschließlich für einige Freunde bestimmt und nicht im Handel erhältlich, doch hoffen wir, dass diese Zeilen die Hausherrin umstimmen mögen. Auf die Qualität ihres Produkts bedacht, ist sie der Meinung, für dieses neue Abenteuer noch nicht bereit zu sein.

*Die typische Landschaft des Douro-Tals: Unendliche Terrassenhänge, die von Trockenmauern gestützt werden und an denen sich Olivenbäume und Reben gleichermaßen wohl fühlen.*

# Die wichtigsten portugiesischen Olivensorten

## Galega

Die Galega gilt als die portugiesische Olivensorte schlechthin: Sie ist im gesamten Land zu finden und eignet sich sowohl als Tafelolive als auch zur Gewinnung von Olivenöl. Da sie eher Trockenheit als Kälte duldet, reifen ihre Früchte früh heran. Die Oliven sind fest am Zweig befestigt, was die Ernte etwas erschwert.

## Carrasquenha

Die vor allem im Alentejano kultivierte Sorte eignet sich sowohl als Tafelolive als auch zur Herstellung von Öl. Feuchte Bedingungen bereiten ihr Schwierigkeiten, ansonsten akzeptiert sie nahezu jeden Boden, vorausgesetzt die Lage ist sonnig.

## Redondil

Die Sorte gedeiht bevorzugt in der Gegend von Tras-os-Montes. Sie zeigt sich durchaus launisch und mag weder Kälte noch Trockenheit, ergibt aber bei guter Pflege ein hochwertiges Öl.

## Cobraçosa oder Verdeal cobrançosa

Die Cobraçosa wird in der Region Tras-os-Montes gezogen und dient ausschließlich der Ölgewinnung. Sie ist äußerst produktiv und kann maschinell geerntet werden. Ihre einzige Schwäche ist, dass allzu große Trockenheit ihr Schwierigkeiten bereitet.

## Cordovil

Ihre runde Form lässt sie sehr sympathisch erscheinen, vor allem aber ist die Sorte genügsam: Weder Hitze noch Kälte bereiten ihr Probleme und sie ergibt ein äußerst interessantes Öl.

## Die wichtigsten portugiesischen D.O.P.

### Tras-os-Montes

Die Region im Norden Portugals besitzt Hunderte von Hektar Ölbaumplantagen in Hanglagen. Die kultivierten Sorten umfassen Verdeal transmontana und Cobraçosa, die das dortige Klima (kalte, regenreiche Winter) gut vertragen, sowie Madural, Cordovil oder Negrinha, die sowohl Kälte als auch Trockenheit dulden. Das Öl dieser D.O.P. zeigt sich leicht feurig mit gelegentlicher bitterer Note, doch sind die frischen Mandel- oder Haselnussaromen sowie der milde Abgang vorherrschend.

### Beira Interior

Die D.O.P. befindet sich in der Mitte Portugals, in der Gegend um die Serra de Estrella. Ihre Olivensorten vertragen Kälte ebenso wie große Temperaturschwankungen. Der Sommer ist heiß und kurz. Das säurefreie, grüne Öl gibt sich feurig und kräuterbetont.

### Moura

Die Stadt Moura im Alentejo befindet sich nur wenige Kilometer von Beja, der Hauptstadt des Olivenöls, entfernt, und wurde vielleicht aus diesem Grund zur ersten D.O.P. Portugals. Ihr gelbes Öl besteht im Wesentlichen aus der Sorte Cordovil und besitzt ein angenehmes Aroma reifer Früchte. Alter verpflichtet: Die Öle aus Moura gelten als die berühmtesten Portugals.

### Ribatejo

Das aus den Sorten Galega und der einheimischen Lenstica gewonnene, gelbe Öl muss seine Qualitäten noch unter Beweis stellen. Es zeigt sich relativ mild und verströmt ein ausgesprochenes Aroma reifer Früchte.

### Norte Alentejano

Das gelbe Öl des Norte Alentejano mit dem Geschmack reifer Früchte ist relativ mild. Es wird aus der sehr beliebten Galega, der Cobraçosa und, zu einem geringen Anteil, der Blanqueta gewonnen.

### Alentejo interior

Die jüngste portugiesische D.O.P. ist in einer trockenen, kargen Region beheimatet, in der sich die klassischen Oliven Portugals die Ehre geben: Galega, Cordovil und Cobraçosa.

# Éric Verdier,
# der Olivenölexperte

Olivenöl ist heutzutage ein eigenständiges Produkt. Wie beim Wein, mit dem es häufig verglichen wird, werden ihm bestimmte Besonderheiten zugeschrieben. Man verbindet mit ihm bestimmte Terroirs wie auch bestimmte Sorten, ebenso eigene Schnitt- und Erntemethoden, Press-, Lagerungs- und Abfüllmethoden. Jeder Erzeuger wählt die für ihn geeigneten Verfahren: Er kann den Ölbaum »bluten« lassen, oder, im Gegenteil, der Natur des Baums gehorchen: ihm zuhören, ihn respektieren, ihn schätzen und ihm helfen, jene Oliven hervorzubringen, aus der ein ausgezeichnetes Öl entstehen wird.
Mit der Festlegung der Gütekategorien für Olivenöl will die Europäische Union zum einen dem Verbraucher die Möglichkeit bieten, sich in der schier unendlichen Vielfalt der Welt des Olivenöls zurechtzufinden, zum anderen aber auch die Erzeuger einladen, weniger auf Quantität als auf Qualität zu setzen. Diese Klassifizierung gibt jedoch noch keinerlei Hinweise auf die Geschmacksnoten und Aromen, die ein Olivenöl besitzen kann.

Der berühmte Weinexperte Éric Verdier hat sich waghalsig dieser Aufgabe angenommen und sich dabei zahlreiche Freunde, aber – zeitweise – auch einige Feinde gemacht. Er hat einen sehr präzisen Fragebogen zur Qualitätsanalyse von Olivenöl entworfen, der von ganz einfachen Fragestellungen ausgeht. Zunächst wird die Farbe untersucht (Farbton, Leuchtkraft, Sättigung, Reinheit, Trübheit). Wie bei einem großen Wein widmet er sich anschließend der unmittelbaren Geruchsanalyse (unter anderem: Intensität des Buketts, Feinheit des Dufts, Abwesenheit von Molekülen, die abstoßende Gerüche entstehen lassen, Frische der Aromen). Zum Schluss widmet er sich dem Geschmack (so etwa: Intensität, Schmackhaftigkeit, taktile Wahrnehmung, Abgang, Viskosität und Leichtigkeit des Öls, geschmackliche Reinheit). Gleichzeitig untersucht Éric Verdier mithilfe von Analysen den Gehalt an freien Fettsäuren, die Peroxidzahl (die so gering wie möglich sein sollte), den Gehalt an Polyphenol und Ölsäure, die Werte K 232 und K 270, den Gehalt an Linolsäure und Palmitinsäure sowie den Gehalt an Trans 2 Hexenal (der dem Öl das pflanzliche Aroma von frisch gemähtem Gras verleiht).

Diese verschiedenen Untersuchungen ermöglichen nun eine tatsächliche Definition der Geschmacksnoten und Düfte eines hochwertigen Olivenöls, das nicht aus beschädigten, befallenen oder zu hoch gezüchteten Oliven gewonnen wurde. Bestimmte Moleküle (die auf mangelhafte Hygiene, die Oxidation der Oliven, Krankheitsbefall usw. zurückzuführen sind) lassen intensive, zum Teil sogar abstoßende Gerüche entstehen, so etwa einen muffigen, schimmeligen oder ranzigen Geruch, die schwerwiegende Mängel darstellen.
Alles Weitere ist eine Frage der persönlichen Empfindlichkeit. So erklärt er nach der ersten Geschmacksprobe, dass ein Olivenöl feurig und intensiv oder aggressiv, schwach, flüchtig und nahezu inexistent sein könne. Auch die Beschaffenheit spielt eine Rolle: Sie kann beispielsweise vollmundig, rund, weich, seidig, geschmackvoll oder im Gegenteil beißend, fett, adstringierend usw. sein. Der Abgang ist das letzte Geschenk, womit es uns verwöhnen kann: Ist er lang, anhaltend, intensiv oder eher nur kurz, schwach, flach?
Jedes dieser Kriterien stützt sich auf wissenschaftliche Betrachtungen wie auch auf das Gefühl. Qualität ist jedoch immer das Ergebnis einiger äußerst einfacher Fakten.

Die idealen Bedingungen für die Kultivierung von Olivenbäumen sind zahlreich. Sie ergeben sich zunächst aus den Rahmenbedingungen: eine gute Anbaufläche, intakte Umwelt und Olivensorten, die für die jeweilige Höhe, das Klima, die Lichtverhältnisse und die vorherrschende Feuchtigkeit geeignet sind. Anschließend werden sie von der Pflege bestimmt: jener des Bodens (die fortwährend und angemessen vorgenommen werden muss), tadellose Schnittmaßnahmen, sanfter, umweltschonender Pflanzenschutz, Verwendung von organischen statt chemischen Düngemitteln sowie eine Bewässerung, die sich nach dem jeweiligen Bedarf richtet. Schließlich ist auch die Ernte von Bedeutung: Sie sollte bei der aromatischen Reife der Früchte stattfinden (wenn die Oliven ihr volles Aroma besitzen) und nicht bei der physiologischen Reife, da schwarz geerntete Oliven milder sind und über weniger stark ausgeprägte Aromen verfügen.

Wenn Éric Verdier eine Ölbaumplantage begeht, betrachtet er den Himmel und den Boden, er sieht sich die Bäume an – Stamm, Blattwerk und Früchte – und weiß sofort, ob alles gut wird. Ebenso achtet er, wenn er eine Ölmühle betritt, zunächst auf die Sauberkeit. Dann informiert er sich über das rechtzeitige Eintreffen der Oliven, die vor dem Pressen nicht warten sollen, denn für ihn ist der schlimmste Feind des Olivenöls die Oxidation, die unmittelbar nach der Ernte beginnt. Aus diesem Grund gibt er auch dem modernen Zentrifugenverfahren den Vorzug, das schneller und luftgeschützt durchgeführt wird, und er empfiehlt die Lagerung des extrahierten Öls bei höchstens 10 °C in tadellos sauberen Edelstahltanks, die selbstverständlich lichtgeschützt sind.

Éric Verdier, für den Olivenöl zur wahren Leidenschaft geworden ist, hofft, dass seine Arbeit mehr und mehr Erzeuger dazu bringen wird, Experten wie ihn zu Rate zu ziehen.

# Die Welt des Olivenöls

## Einige Fachbegriffe

*Im Jahr 1992 hat die Europäische Union gesetzliche Verordnungen festgelegt, die eine Klassifizierung der Olivenöle ermöglichen. Diese wurden zuletzt am 1. November 2003 aktualisiert.*
*Allgemein gilt, dass »Natives Olivenöl« aus den Früchten des Olivenbaums gewonnen werden muss, und zwar ausschließlich durch mechanische oder physikalische Verfahren und unter Bedingungen – insbesondere, was die Temperatur anbelangt –, die es nicht verändern. Außer dem Waschen, Dekantieren, Zentrifugieren und Filtrieren sind bei der Erzeugung von »Nativem Olivenöl« keine weiteren Behandlungen zugelassen.*

### Klassifizierung der Olivenöle

**1. Native Olivenöle**

**Natives Olivenöl extra:** *Die organoleptische Note (Verkostungsnote) beträgt mindestens 6,5. Der Gehalt an freien Fettsäuren, berechnet als Ölsäure, darf 0,8 g je 100 g nicht überschreiten.*

**Natives Olivenöl:** *Die organoleptische Note beträgt mindestens 5,5. Der Gehalt an freien Fettsäuren, berechnet als Ölsäure, beträgt höchstens 2 g je 100 g. Die Bezeichnung »Feines Natives Olivenöl« wird in der Produktionsphase und im Großhandel verwendet. (Die früher gebräuchliche Bezeichnung »Gewöhnliches Natives Olivenöl« wird nicht mehr verwendet: Die organoleptische Note betrug hier mindestens 3,5. Der Gehalt an freien Fettsäuren, berechnet als Ölsäure, durfte 3,3 g je 100 g nicht überschreiten.)*

**Lampantöl:** *Die organoleptische Note liegt unter 3,5. Der Gehalt an freien Fettsäuren, berechnet als Ölsäure, ist höher als 2 g je 100 g. Lampantöl ist nicht zum Verzehr geeignet, kann aber raffiniert werden.*

**2. Olivenöle**

**Olivenöl:** *Verschnitt von Raffiniertem Olivenöl* mit Nativen Olivenölen*. Der Gehalt an freien Fettsäuren, berechnet als Ölsäure, darf 1 g je 100 g nicht überschreiten.*

**Raffiniertes Olivenöl:** *Entsteht durch das Raffinieren* von Nativen Olivenölen*. Der Gehalt an freien Fettsäuren, berechnet als Ölsäure, darf 0,3 g je 100 g nicht überschreiten. Das deutlich lipidbetonte Öl hat seine konstitutiven Merkmale, insbesondere die gastronomischen, verloren.*

**3. Oliventresteröle**

**Rohes Oliventresteröl:** *Wird aus Oliventrester* durch Behandlung mit Lösungsmitteln gewonnen.*

**Raffiniertes Oliventresteröl:** *Entsteht durch Raffinieren des Rohen Oliventresteröls*. Der Gehalt an freien Fettsäuren, berechnet als Ölsäure, darf 0,3 g je 100 g nicht überschreiten.*

**Oliventresteröl:** *Verschnitt von Raffiniertem Oliventresteröl* mit Nativen Olivenölen* (ausgenommen Lampantöl*). Der Gehalt an freien Fettsäuren, berechnet als Ölsäure, darf 1 g je 100 g nicht überschreiten.*

### Appellationen und Qualitätskürzel

**Griechenland**

*A.O.C.: Appellation d'Origine Contrôlée (geschützte Herkunftsbezeichnung, siehe Frankreich)*

*P.D.O.: Protected Declaration of Origin*

**Italien**

*D.O.P.: Denominazione d'Origine Protetta (geschützte Herkunftsbezeichnung)*

**Spanien**

*D.O. oder D.O.C.: Denominación de Origen (entspricht dem französischen A.O.C.)*

*D.E.: Denominación Especifica (entspricht dem französischen I.G.P.)*

**Frankreich**

*A.O.C.: Appellation d'Origine Contrôlée (Qualitätsprodukt mit geschützter Ursprungsbezeichnung. Festgelegt sind hiermit u. a. der Herstellungsort oder die Region, die zugelassenen Rohstoffe und die Herstellungsverfahren.)*

*I.G.P.: Indication Géographique Protégée (Vorstufe zum A.O.C., die anzeigt, dass ein Erzeugnis aus einer bestimmten Region stammt, aber nicht zwingend vollständig dort hergestellt werden muss.)*

**Portugal**

*D.O.P.: Denominção de Origem Protegida (geschützte Herkunftsbezeichnung)*

**Bio:** *Jüngere Untersuchungen scheinen anzudeuten, dass Olivenöl – aus biologischer wie auch aus herkömmlicher Landwirtschaft – keine Rückstände von Pestiziden enthält.*

## Behandlung der Oliven

**Dekantieren:** Mithilfe eines Dekanters, d. h. eines Metallzylinders, der sich mit sehr großer Geschwindigkeit dreht, werden die verschiedenen Bestandteile des Olivenbreis entsprechend ihrer jeweiligen Dichte voneinander getrennt.
**Extrahieren:** Geschieht durch Pressen* oder Dekantieren*.
**Oliventrester:** Die Rückstände, die als feste Masse nach dem Zermahlen* und Pressen* verbleiben. Als Rückstände der Kaltpressung bildet der Oliventrester einen getrockneten Olivenkuchen, der noch etwas Öl enthält. Dieses Öl kann mithilfe von Lösungsmitteln oder durch Raffinieren* extrahiert werden. Wenn das Öl vollständig aus dem Oliventrester entfernt wurde, kann man ihn als Dünger für die Ölbäume, als Futtermittel oder Brennstoff verwenden. In Spanien, insbesondere in Andalusien, wird im Rahmen der neuen Energien seit einigen Jahren aus Oliventrester Strom erzeugt.
**Pressen:** Das älteste Verfahren zur Gewinnung von Olivenöl: Der Olivenbrei wird auf Pressmatten (den so genannten Scourtins) aufgetragen. Etwa hundert Pressmatten werden für die Pressung aufeinander gestapelt. Die Flüssigkeit tropft herab, während die festen Bestandteile auf den Matten zurückbleiben. Dies ist der Oliventrester*.
**Zermahlen:** Das Zermahlen der Oliven zur Herstellung des Olivenbreis geschah früher mithilfe eines Mahlsteins, dann durch verschiedene Verfahren zum Extrahieren* des Öls.

## Behandlung des Olivenöls

**Dekantieren oder Zentrifugieren:** Die Flüssigkeit, die durch das Extrahieren* gewonnen wurde, besteht aus Öl und wässrigen Verunreinigungen. In einer Zentrifugalpresse (Dekanter) wird sie in Öl, feste und wässrige Rückstände getrennt.
**Desodorieren:** Durch Behandlung mit Heißwasserdampf bei 250 °C wird das Öl desodoriert (Verfahren beim Raffinieren).
**Entfärben:** Das Öl wird bei hoher Temperatur mit flächenaktiven Tonerden und Aktivkohle vermischt. Anschließend wird es durch Platten filtriert. (Verfahren beim Raffinieren).
**Entseifen:** Das Öl wird erhitzt und anschließend mit sehr heißem Wasser vermischt, was die Seifen auflöst. Das Seifenwasser wird anschließend in einer Zentrifuge vom Öl getrennt (Verfahren beim Raffinieren).
**Filtrieren:** Durch das Filtrieren wird das Olivenöl von Trubstoffen befreit. Früher wurden hierzu Baumwollfilter verwendet. Heute benutzt man Filterpressen, durch die das Öl hindurchgepresst wird. Nicht filtrierte Öle sind heute beliebt, da sie natürlicher erscheinen, doch ändert das Filtrieren nichts am Geschmack oder an der Qualität eines Öls. Es verhindert lediglich, dass es vorzeitig ranzig wird.
**Neutralisieren der freien Fettsäuren:** Die freien Fettsäuren werden mithilfe starker Basen neutralisiert, die sich mit den Fettsäuren zu Seifen verbinden. Beim Entseifen* werden diese dann vom Öl getrennt (Verfahren beim Raffinieren).
**Raffinieren:** Zu den physikalischen und chemischen Prozessen beim Raffinieren zählen u. a. folgende Phasen: Neutralisieren* der Säure, Entseifen*, Entfärben* und Desodorieren*. Nach dem Raffinieren sind die Öle zum Verzehr geeignet, doch verbleiben ihnen weder zahlreiche organoleptische Qualitäten noch Vitamine.

## Einige Fachbegriffe zur Verkostung

Professionelle Verkoster testen Olivenöl im Allgemeinen bei einer Temperatur zwischen 26 und 28 °C in einem stiellosen Probierglas. Bei der Verkostung werden verschiedene Sinneseindrücke berücksichtigt. Zunächst wird visuell die Klarheit überprüft, außer zum Beispiel bei neuen, nicht filtrierten Ölen. Anschließend erfolgt die Analyse mit der Nase, und schließlich, geschmacklich, die Verkostung am Gaumen. Die bewerteten Eindrücke sind somit Geruch, Geschmack und Aussehen.
Die Säure eines Öls kann ein Fehler sein. Sie weist in diesem Fall darauf hin, dass das Öl vermutlich aus beschädigten Früchten extrahiert wurde.
Zu den am häufigsten angeführten Mängeln zählen die Charakterisierungen: muffig (ein Geruch, der an Schimmel erinnert), weinig, essigartig, scharf, brandig oder erhitzt, ranzig, der Geruch von Gouachefarbe, klebrig, fett, zähflüssig oder metallisch. Die Eigenschaft feurig bedeutet, dass das Öl leicht pikant ist, da es aus nahezu grün geernteten Oliven stammt: Dies ist kein Fehler, sondern eine Frage des Geschmacks.
Die Eigenschaften eines Öls lassen sich auch mit folgenden Worten beschreiben: mild, weich, cremig, opulent, füllig, mit Länge im Geschmack, fruchtig, bitter, pikant, ausgewogen, fein, elegant, rein, sauber, spritzig, rustikal ...
Neben den Eigenschaften weist Olivenöl – ähnlich wie Wein – auch zahlreiche Geschmacksnuancen auf. Hier wird unterschieden zwischen den fruchtigen Aromen (Apfel, Birne, Zitrusfrüchte, Zitronenzeste, Mandel, Mango, Litschi) und den pflanzlichen (grünes Gras, frisches Heu, Artischocke, Fenchel, grüne Tomate, Gemüsepaprika, Kiefer). Einige Öle besitzen auch würzige (Pfeffer), mineralische, blumige (Akazie, Weißdorn), honigartige oder holzige Geschmacksnoten sowie ein Aroma von Geröstetem, von Milch oder Sahne.
Die Beschaffenheit eines Öls bei der Verkostung am Gaumen ist ebenfalls von Bedeutung. Hier werden folgende Eigenschaften notiert: vollmundig, herb, fett, mild, weich, seidig. Ist das Öl schwer, dann ist es zu alt oder wurde aus zu reifen Oliven gewonnen. Olivenöl duftet nur wenig: Es besitzt lediglich 77 dominante Moleküle. Schließlich sollte Olivenöl leuchtend sein, wenn es glanzlos ist, weist dies darauf hin, dass es oxidiert ist. Farblich bewegt sich Olivenöl zwischen äußerstem Blassgelb bis zu Smaragdgrün über das gesamte Spektrum an Goldtönen und den grün schimmernden, goldenen Reflexen.

# Weitere Anbaugebiete

*Auch andere Länder, etwa der Mittlere Osten und Nordafrika, blicken auf eine – zum Teil über tausendjährige – Tradition der Kultivierung des Ölbaums und des Verzehrs von Olivenöl zurück. Da die Nachfrage nach Olivenöl weltweit fortwährend steigt, interessiert man sich im gesamten Mittelmeerraum für dessen Produktion. Die Begeisterung hat nach und nach auch die übrige Welt erfasst: So wird es heute in den USA, in Südafrika, in Argentinien und in China gewonnen.*

## Nordafrika

Der Maghreb ist – seit der Gründung Karthagos im 9. Jahrhundert v. Chr. – eine bedeutende Region des Olivenanbaus. Die Römer legten im karthagischen Afrika Bewässerungssysteme an und ermöglichten auf diese Weise einen starken Zuwachs der Olivenölproduktion in der Region. Die Phase der Erneuerungen nahm im Jahr 698 ein Ende, als Karthago in die Hände der Araber fiel. Die Kultur des Ölbaums wurde mehr oder weniger bis zum 15. Jahrhundert vernachlässigt, als die aus Andalusien vertriebenen Sarazenen sich wieder verstärkt für sie einsetzten. Seitdem hat sich der Olivenanbau im Maghreb stetig weiterentwickelt.
Die schwierige politische Situation in Algerien hat den Aufschwung der Olivenölproduktion beeinträchtigt: Die herrlichen Olivenhaine der Kabylei wurden größtenteils aufgegeben. Heute sind jedoch Bestrebungen feststellbar, die Produktion von algerischem Olivenöl, das aus den Sorten Chemial, Azeradj und Sigoise gewonnen wird, voranzutreiben.
Marokko besitzt heute eine etwa doppelt so große Anbaufläche wie Algerien. Die Modernisierung der Bewässerungssysteme wird mit großem Einsatz verfolgt. Marokkanisches Olivenöl wird im Wesentlichen aus der Sorte Picholine marroqui gewonnen.
Die tunesische Produktion liegt unmittelbar hinter jener der Europäischen Union. Die gesamte Anbaufläche ist mit 1 500 000 Hektar etwa 7,5-mal größer als jene Algeriens. Tunesisches Olivenöl – aus den Sorten Chemlali, Chetoui und Meski – weist eine handelsübliche Qualität auf. Tatsächlich wird es auch anteilig in den meisten Ölen, die von europäischen Marken vertrieben werden, verwendet.

## Mittlerer Osten

Der Mittlere Osten ist die Wiege des Olivenöls. In der Bibel heißt es, Israel sei »ein Land, da Ölbäume und Honig innen wachset« (Deuteronomium 8,8). Tatsächlich hat man auf den Golan-Höhen die ältesten Mörser gefunden, in denen Oliven zermalmt wurden. Die Stadt Saïda im Libanon erhielt ihren Namen vom Hebräischen Wort für Olive, seitun.
Heute stammt das israelische Öl mehrheitlich aus dem Norden Galiläas, an der Grenze zum Libanon. Es wird aus den Sorten Souri, Barnea, Nabuli und Manzanillo gewonnen, die in variablen Mengen angebaut werden (zwischen 1 500 und 5 000 Tonnen pro Jahr), und kann von sehr guter Qualität sein.
Der Iran und der Irak spielen zurzeit als Erzeuger von Olivenöl keine Rolle.
Im Libanon wurde ein Großteil der Olivenplantagen – insbesondere jene in der Bekaa-Ebene – während des Krieges zerstört. Die libanesische Produktion hat das Ausmaß früherer Zeiten noch nicht wieder erreicht, doch erlaubt die Stabilität des Landes nun, in diese Richtung zu arbeiten.
Die syrische Produktion nimmt hingegen stetig ab, was hauptsächlich auf die Überalterung der Betriebe zurückzuführen ist.
In Palästina steht der Ölbaum, wie in Israel, im Zentrum der dortigen Kultur. Der fortwährende Konflikt zwischen Israel und Palästina wirkt sich jedoch leider auch hemmend auf die Produktion aus. Das palästinensische Extravergine ist teurer als jenes der Nachbarländer, da es mit erheblichen Steuern belegt wird, die Arbeitslöhne höher, die Transporte unsicher und die Olivenhaine schwerer zu pflegen sind.

## Mögliche zukünftige Erzeugerländer

Die Türkei erzeugt in fünf ihrer Regionen bereits jetzt praktisch 10 % der weltweiten Produktion von Olivenöl.
Seit dem Ende des Krieges erlebt Kroatien einen erheblichen Aufschwung im Tourismussektor, was sich auch positiv auf die wirtschaftliche Stabilität des Landes auswirkt. Die Produktion an Olivenöl ist noch relativ unbedeutend (etwa 500 Tonnen), sie nimmt jedoch stetig zu, sodass in Zukunft sehr wahrscheinlich mit einer ernst zu nehmenden kroatischen Produktion zu rechnen ist.
In Istrien wird am Golf von Porec ein schönes Öl aus den Sorten Buga und Lecino erzeugt. Es besitzt ein angenehmes Gleichgewicht zwischen Bitterkeit und den komplexen Aromen von Artischocken und gemähtem Gras.
Auch China hat einen Anteil an der weltweiten Produktion von Olivenöl. In Südchina, das die gleichen klimatischen Bedingungen wie der Mittelmeerraum aufweist, werden italienische Sorten, insbesondere Frantoio und Leccino, angebaut. Was die Zukunft bringen wird, ist noch ungewiss, aber die Produktion scheint von guter Qualität zu sein und sich erheblich zu steigern.
In den USA gelten Kalifornien und das südliche Texas als die bedeutendsten Produzenten von Olivenöl. Der eigene Verbrauch steigt stetig und mit ihm auch die Zahl der Plantagen. Die amerikanischen Öle, die hauptsächlich aus den Sorten Sevillano, Ascolano, Manzanillo und Barouni gewonnen werden, sind im Allgemeinen mild und fruchtig. Sie besitzen keinen allzu stark ausgeprägten Charakter.
Die Ölbaumplantagen Australiens sind neueren Datums. Wenn sich dort jedoch eine ähnliche Entwicklung wie beim Weinanbau vollzieht, könnte der Kontinent in den kommenden Jahren durchaus eine führende Rolle in der Produktion von Olivenöl übernehmen.

# Bacalhau mit Kartoffeln

Für vier Personen

## Zutaten

8 mehlig kochende Kartoffeln
Grobes Salz
4 Stücke Stockfisch (gesalzener und getrockneter Kabeljau)
20 cl Olivenöl
3 Knoblauchzehen, geschält (ggf. Keim entfernt), zerdrückt
1 Gemüsezwiebel, in feine Ringe geschnitten
Einige schwarze Oliven
2 hart gekochte Eier, mit der Gabel zerdrückt
Pfeffer aus der Mühle

Stockfisch muss zum Entsalzen mindestens 24 Stunden gewässert werden. Den Ofen auf 210 °C vorheizen.
Die gewaschenen, ungeschälten Kartoffeln mit ein wenig grobem Meersalz in eine ofenfeste Form geben und 1 Stunde im Backofen garen.
Den Fisch aus dem Wasser nehmen, trockentupfen. Die Form mit den Kartoffeln aus dem Ofen nehmen, den Stockfisch darüber schichten, mit etwa 10 cl Olivenöl bestreichen und weitere 15 Minuten im Ofen garen.
Einige Minuten bevor die Form aus dem Ofen genommen wird, in einem kleinen Topf den Knoblauch in etwas Olivenöl erhitzen. Kurz vor dem Servieren das Gericht mit dem duftenden Öl beträufeln. Mit den Zwiebelringen, den Oliven und dem hart gekochten Ei dekorieren und zum Schluss etwas pfeffern.

# Kartoffelkroketten mit Bacalhau

Für vier Personen

Die Kartoffeln waschen und mit der Gemüsebürste säubern. In leicht gesalzenem, kaltem Wasser zum Kochen bringen und in 20 bis 30 Minuten gar kochen. Die Kartoffeln pellen, solange sie noch heiß sind, und mit etwas warmer Milch mit der Gabel zu einem groben Kartoffelbrei zerdrücken. Mit dem zerkleinerten Stockfisch vermischen, vorher alle Gräten entfernen. Pfeffern, bei Bedarf auch salzen.

Kleine Bällchen formen, die erst im verschlagenen Ei, dann in Paniermehl gewendet werden. Die Bällchen in Olivenöl goldbraun braten. Kurz auf Küchenkrepp abtropfen lassen und heiß servieren.

## Zutaten

800 g mehlig kochende Kartoffeln
Etwa 10 cl Vollmilch
150 g Stockfisch (gesalzener und getrockneter Kabeljau), 24 Stunden gewässert und anschließend pochiert
2 Eier, verschlagen
Paniermehl
20 cl Olivenöl
Salz und Pfeffer

# Cataplana vom Schwein mit Venusmuscheln

Für vier Personen

## Zutaten

4 Kartoffeln, in Streifen geschnitten
400 g Schweinenacken, in kleine Würfel geschnitten
2 EL Olivenöl
2 Schalotten, fein gewürfelt
1 Knoblauchzehe, geschält (ggf. Keim entfernt), zerdrückt
3 frische Tomaten, geschält (oder Dosentomaten)
1/2 TL Zucker
4 cl trockner Weißwein
1 Schuss Cognac
12 Venusmuscheln, gewaschen
1 Sträußchen Koriander, fein gehackt
Olivenöl
Salz, Pfeffer aus der Mühle

Die Kartoffeln 2 Minuten in siedendem Salzwasser blanchieren. Unter kaltem Wasser abschrecken und beiseite stellen. Den gewürfelten Schweinenacken 10 Minuten in einer Pfanne goldbraun braten und beiseite stellen. Die Sauce zubereiten: Hierzu in eine Pfanne die Schalotten, den Knoblauch und die Tomaten in Olivenöl andünsten. Salzen, pfeffern, den Zucker hinzufügen, mit Wein und Cognac ablöschen und die Flüssigkeit auf die Hälfte reduzieren.

Die Kartoffeln und die Schweinefleischstückchen in einen Schmortopf mit Deckel *(cataplana)* geben und mit der eingekochten Sauce bedecken. Einige Minuten zugedeckt auf großer Flamme erhitzen. Die Venusmuscheln hinzufügen und zugedeckt weitergaren, bis sich die Muscheln öffnen. Kurz vor dem Servieren mit dem fein gehackten Koriander dekorieren. Das Gericht ganz am Schluss noch mit etwas Olivenöl beträufeln.

# Calderade

Für sechs Personen

## Zutaten

6 Tomaten, in Scheiben geschnitten
4 Zwiebeln, in feine Ringe geschnitten
6 Kartoffeln, geschält und in feine Scheiben geschnitten
3 grüne Gemüsepaprika, in Scheiben geschnitten
1 Huhn, in Stücke geteilt
4 Knoblauchzehen, geschält (ggf. Keim entfernt), geviertelt
Thymian, Lorbeer
1/2 Glas trockner Weißwein
4 EL Olivenöl
1 Bund Petersilie, klein gehackt
Olivenöl (zum Servieren)
Salz und Pfeffer

Einen gusseisernen Schmortopf mit einer Schicht Tomatenscheiben auslegen, darauf eine Schicht Zwiebelringe, anschließend Kartoffeln und Gemüsepaprika legen. Salzen und pfeffern und mit einer Schicht Hühnerfleisch abdecken. Auf diese Weise weiterschichten, bis alle Zutaten verbraucht sind.

Knoblauch, Thymian und Lorbeer hinzufügen und schließlich mit Weißwein und Olivenöl begießen.

Zugedeckt bei geringer Hitze etwa 1 Stunde und 15 Minuten köcheln lassen. Abschmecken und bei Bedarf etwas nachwürzen. Die Petersilie hinzufügen, mit etwas Olivenöl beträufeln und heiß servieren.

# Olivenölbrötchen

Für sechs bis acht Brötchen

## Zutaten

1 Würfel frische Hefe
Einige EL lauwarmes Wasser
1 kg Weizenmehl
Feines Salz
4 EL Olivenöl
Schwarze Oliven, entsteint und halbiert

Die Hefe in etwas lauwarmem Wasser auflösen. Mehl und etwas lauwarmes Wasser in die Rührschüssel der Küchenmaschine geben. Hefe, Salz und Olivenöl hinzufügen. Das Ganze zu einem geschmeidigen Teig vermischen. Bei Bedarf zusätzlich etwas lauwarmes Wasser zufügen. Den Teig zu einer Kugel formen und mit einem sauberen Tuch abgedeckt etwa 1/2 Stunde gehen lassen.

Inzwischen den Ofen auf heißer Stufe (ca. 200 °C) vorheizen. Den gegangenen Hefeteig kurz durchkneten, nach Belieben halbierte Oliven darunterkneten. Den Teig in faustgroße Kugeln teilen. Diese auf dem Backblech verteilen. Daneben eine kleine Flan-Form mit Wasser aufstellen. Die Brötchen in 10 bis 15 Minuten goldbraun backen. Vor dem Verzehr etwas abkühlen lassen.

# Caldo verde

Für sechs Personen

4 EL Olivenöl in einem Schmortopf erhitzen und darin die Zwiebelringe, den Knoblauch und die Kartoffeln 10 Minuten andünsten. Die Chorizoscheiben hinzufügen. Mäßig salzen, pfeffern und alles gut vermischen.
Wasser und Brühe angießen und zum Kochen bringen. Bei geringer Hitze 20 Minuten zugedeckt kochen lassen.
Die Kartoffeln herausnehmen, grob mit der Gabel zerdrücken und wieder zur Suppe geben. Den Kohl hinzufügen und weitere 20 Minuten, nun ohne Deckel, kochen lassen.
In eine vorgewärmte Suppenterrine umfüllen und bei Bedarf etwas nachwürzen. Mit dem restlichen Olivenöl beträufeln und mit der Petersilie verzieren.

## Zutaten

6 EL Olivenöl
1 große Zwiebel, in Ringe geschnitten
1 Knoblauchzehe, geschält (ggf. Keim entfernt), zerdrückt
8 große Kartoffeln, geschält und in Viertel geschnitten
8 Scheiben Chorizo (spanische Wurst)
75 cl Wasser
25 cl Hühnerbouillon
8 Blätter Wirsingkohl, in feine Streifen geschnitten
1 Bund Petersilie, fein gehackt
Salz und Pfeffer

# Feigen mit Mandeln

Für vier Personen

Den Ofen auf 180 °C vorheizen.
Die Mandeln einige Minuten in einer beschichteten Pfanne braten, bis sie eine goldbraune Färbung annehmen. 12 Mandeln für die Verzierung beiseite legen. Die restlichen Mandeln in der Küchenmaschine fein mahlen.
Die Feigen jeweils auf 2/3 ihrer Höhe behutsam öffnen und das Mandelmehl einfüllen, Feigendeckel wieder auflegen. Mit Zucker bestäuben.
Die Feigen in einer feuerfesten Keramikform für etwa 5 Minuten in den Ofen geben. Die Form herausnehmen und vor dem Servieren abkühlen lassen.
Kurz vor dem Servieren jede Feige mit etwas Olivenöl beträufeln und mit den beiseite gestellten Mandeln verzieren.

*Die Feigen passen hervorragend zu Vanilleeis oder zu geronnener Schafsmilch.*

## Zutaten

6 EL ganze Mandeln, geschält
12 frische Feigen
1 Tasse Puderzucker
Olivenöl

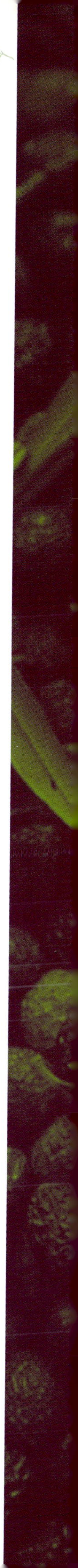

# Register der Rezepte

# Adressen für gutes Olivenöl

## Griechenland

**Franck Artigaud**
Éric Artigaud
To Bakaliko – Skoufa 48, Kolonaki
Athen
Telefon/Telefax: 0030.210.36 38 110
E-Mail: bakaliko@otenet.gr

**Agalma**
Andréas Alexanpoulos
Agalma International
238, Bd Raspail · 75014 Paris
Telefon/Telefax: 0033.143.21 17 07

## Italien

**Laudemio**
Società per la valorizzazione della olivicoltura di pregio toscana
Via dei Serragli, 133 · 50124 Firenze
Telefon: 0039.55.23 37 134
Telefax: 0039.55.22 30 60

**Tenuta La Novella**
Via Musignana, 11
50020 San Paolo in Chianti
Telefon: 0039.55.83 37 749
Telefax: 0039.55.83 37 815
E-Mail: la.novella@iol.it

**Fattoria di Maiano**
Via B da Maiano, 11 · 50016 Fiesole
Telefon: 0039.55.59 96 00
Telefax: 0039.55.59 96 40
E-Mail: maiano@contemiarifulcis.it

**Castello di Poppiano**
Conte Ferdinando Guicciardini
Via Fezzana n.45
50025 Montespertoli
Telefon: 0039.55.82 315
Telefax: 0039.55.82 368
E-Mail: poppiano@mclink.it
E-Mail: info@conteguicciardini.it

## Frankreich

**Château d'Estoublon**
Route de Maussane
13990 Fontvieille
Telefon: 0033.490.54 64 00
Telefax: 0033.490.54 64 01
E-Mail: chateauestoublon@aol.com

**Château de Montfrin**
Jean-René de Fleurieu
Château de Montfrin
30490 Montfrin
Telefon/Telefax: 0033.466.57 54 33
E-Mail: moulindesombres@tiscali.fr

**Château Virant**
Cheylan Père et fils
13680 Lançon-de-Provence
Telefon: 0033.490.42 44 47
Telefax: 0033.490.42 54 81
E-Mail: info@ chateauvirant.com

**Moulin Castelas**
Mas de l'olivier
Quartier Fréchier
13520 Les-Baux-de-Provence
Telefon: 0033.490.54 50 86
Telefax: 0033.490.54 51 68
E-Mail: info@castelas.com

**Oru de Balagna**
Coopérative oléicole de Balagne
René Colombani
27, De Corbara · 20256 Corbara
Telefon/Telefax: 0033.495.60 30 60
E-Mail: coop-balagne@wanadoo.fr

**Domaine de Marquiliani**
Anna Amalric
Aghione · 20270 Aléria
Telefon: 0033.495.56 64 02
Telefax: 0033.495.56 60 61

**Association Cucina Corsa**
La Pietra · 20220 Ile-Rousse
Telefon: 0033.495.63 02 30

## Spanien

**Núñez de Prado**
Cervantés 15 · 14850 Baena
Telefon: 0034.957.67 01 41/69 18 94
Telefax: 0034.957.67 00 19
E-Mail: nunezdeprado@hotmail.com

**Fermin R. Jimenez**
Carretera de Zagrilla
14800 Priego de Cordoba
Telefon: 0034.957.54 02 66
E-Mail: olifer@arrakis.es

**Hacienda Benazuza**
Calle vírgen de las Nieves
41800 Sanlucar La Mayor
Telefon: 0034.955.70 33 44
E-Mail: hbenazuza@bullihotel.com

**Hacienda Guzman**
Espanola aceite del sur
Telefon: 0034.954.69 09 00
Telefax: 0034.954.69 04 50

**Borges Pont**
Avenida J. Trepat, s/n
25300 Tanega (Lérida)
Telefon: 0034.973.50 12 12
Telefax: 0034.973.50 00 60
E-Mail: abp@borges.es

## Portugal

**Quinta a Capella dos Olivais**
Bouça Mirandella · Trás-os-Montes
E-Mail: info@oliviers-co.com

**Casa agricola Roboredo Madeira**
Rua de Calabria, 5150
021 Almendra
Telefon: 0035.1279.71 80 10
Telefon: 0035.1279.71 80 11
E-Mail: sales@carm.pt

**Quinta do Covento**
Mauricette Mordant
Sociedade de vinhos, 5120
445 Tavora
Telefon: 0035.1254.78 20 70
Telefon: 0035.1254.78 14 70
E-Mail: isabelle@portohérédias.com

## Deutschland

Ausgewählte Adressen von deutschen Fachhändlern, die hochwertiges Olivenöl aus den besten Olivenölgütern Europas und der ganzen Welt vertreiben:

A. Viani Importe GmbH
siehe Viani

Alisseos-Olivenöl – und mehr
Untersberg 2
53819 Neunkirchen-Seelscheid
Telefon: 0030.27210.74 06 9
ganzjährig in Griechenland
02247.69 04 6
vom 20.6. jeden Jahres für die Dauer von ca. 4 Wochen
Telefax: 02247.75 154
E-Mail: info@alisseos.de
www.alisseos.de

Almasol Olivenöl
Fischergasse 6
78479 Insel Reichenau
Telefon: 07534.99 59 930
Telefax: 07534.99 59 931
E-Mail: info@almasol.de
www.almasol.de





Corovita Bio-Olivenöl GmbH
Weisser Rainpfad 6
65812 Bad Soden
Telefon: 06196.65 58 02
Telefax: 06196.65 58 03
E-Mail: info@corovita.com
www.corovita.com
Corovita Bio-Olivenöl wurde als einziges von zwei Bio-Ölen von der Zeitschrift »Der Feinschmecker« zu den 35 besten aus 1000 Olivenölen weltweit gewählt.



Die Olive – und mehr
Am Ockenheimer Graben 38
55411 Bingen
Telefon: 06721.18 53 00
Telefax: 06721.18 53 06
E-Mail: info@olive.de
www.olive.de
Spezialisiert auf Olivenöle kleiner Erzeuger aus Italien und Griechenland

Harald L. Bremer
Efeuweg 3
38104 Braunschweig
Telefon: 0531.23 73 60
Telefax: 0531.23 73 636
E-Mail: info@bremerwein.de
www.bremerwein.de

Martina Dürscheid – Originalerzeugnisse aus der Provence
Waldweg 6
53783 Eitorf/Sieg
Telefon: 02243.91 07 57
Telefax: 02243.91 07 57
E-Mail: provence@martina-duerscheid.de
www.martina-duerscheid.de

Erste Münchner Essig & Oel Compagnie
Blumenstr. 1
80331 München
Telefon: 089.26 06 254
Telefax: 089.61 36 338
E-Mail: wj@essig-oel.de
www.essig-oel.de

Fischer + Trezza Import GmbH
Ulmer Strasse 150
70188 Stuttgart
Telefon: 0711.46 06 700
Telefax: 0711.46 06 900
E-Mail: info@fischer-trezza.de
www.fischer-trezza.de

Ingeborg Lachmann
Olivenöle-Spezialitäten
Eichwäldstr. 12
78655 Dunningen
Telefon: 07403.202
Telefax: 07403.8289

La Tienda – Spanische Weine & Spezialitäten e. K.
Urftstr. 99–101
41239 Mönchengladbach
Telefon: 02166.93 15 0
Telefax: 02166.93 15 29
E-Mail: la-tienda@la-tienda.de
www.la-tienda.de

Lukullus GmbH, Im- und Export
Langendiebacher Straße 58
63526 Erlensee
Telefon: 06183.90 27 57
Telefax: 06183.90 27 59
E-Mail: info@lukullus-gmbh.de
www.lukullus-gmbh.de
Spezialist für Olivenöle aus der Region Sitia/Kreta. Vertrieb und Verkauf nur an den Lebensmitteleinzelhandel.

Öldorado
Mörfelder Landstraße 109a
60598 Frankfurt
Telefon: 069.61 99 24 30
Telefax: 069.61 99 24 32
E-Mail: efi@gsubb.de
www.oeldorado.info





**Pikante – Feine Spezialitäten**
Hauptstr. 38
79365 Rheinhausen
Telefon: 07643.40 846
Telefax: 07643.40 858
E-Mail: webmaster@pikante.de



Reifferscheid Wein & Whisky
Mainzer Straße 186
53179 Bonn
Telefon: 0228.95 38 070
Telefax: 0228.95 38 071
E-Mail: info@whisky-bonn.de
www.whisky-bonn.de

**Reina Vertrieb**
Holzweg 57
40789 Monheim/Rhld
Telefon: 02713.96 56 24
Telefax: 02713.96 56 25
E-Mail: jreina@t-online.de
www.reina.de

Rocca delle Macìe
Loc. Le Macíe
I-53011Castellina/Chianti
Telefon: 0039.57 77 321
Telefax: 0039.57 77 43 150
E-Mail: rocca@roccadellemacie.com
www.rocca dellemacie.com

Das Olivenöl extra vergine des Weingutes Rocca delle Macie wird ausschließlich von Oliven des eigenen Gutshofs erzeugt. Die Olivensorten Frantoio, Leccino, Moraiolo und Pendolino werden handgepflückt und nach alter Tradition auf der eigenen Ölmühle auf Riserva di Fizzano verarbeitet. Das Öl ist kräftig mit deutlichen Bittertönen und intensiv-fruchtigem Aroma. Es begleitet Brat- und Schmorgerichte besonders gut. Die Fachzeitschrift »Der Feinschmecker« erwähnt es in seinem Heft »250 Spitzen-Olivenöle aus aller Welt«. Der Bezug in Deutschland erfolgt durch die
**Rebhof Weinhandel GmbH**
74182 Obersulm
www.rebhof-weine.de

Das Wein-Cabinet
Am Altenberg 8
57290 Neunkirchen
Telefon: 02735.1766
Telefax: 02735.6690
E-Mail: info@das-wein-cabinet.de
www.das-wein-cabinet.de

**Vom Fass AG**
Am Langholz 17
88289 Waldburg
Telefon: 07529.974531
Telefax: 07529.9745931
E-Mail: l.neff@vomfass.de
www.vomfass.de

Einer der engagiertesten Betriebe Deutschlands, wenn es um Genuss, inbesondere bei Wein, Olivenöl und Schokolade, geht. Workshops und Seminare rund um Olivenöl und die Verwendung in der Küche von wirklichen Profis, allen voran Claudia Stern. Gemeinsam mit der Zeitschrift »Der Feinschmecker« organisierte VINTAGE auch schon zum zweiten Mal die OLIO-Olivenölmesse in Köln. Viele Top-Produzenten wie Dauro, Planeta, Château D'Estoublon, Morgenster …

**Vintage Weinhandel & Restaurant**
Pfeilstraße 31–35
50672 Köln
Telefon: 0221.92 07 10
Telefax: 0221.92 07 119
E-Mail: vintage@t-online.com
www.weinseminare.de

Wein & Glas Compagnie
Weinhandels GmbH
Prinzregentenstr. 2
10717 Berlin
Telefon: 030.23 51 52 0
Telefax: 030.23 51 52 22
E-Mail: info@weinundglas.com

Italienische Qualitätsweine
Weinimport E. Cresceri
In den Obergärten 5
63329 Egelsbach
Telefon: 06103.42715
Telefax: 06103.42430
E-Mail: information@weinimport-cresceri.de
www.weinimport-cresceri.de
Importeur für Olio Argei aus Sardinien

**Wotan Apotheke**
Freyaplatz 1
68305 Mannheim
Telefon: 0621.75 81 15
Telefax: 0621.74 78 96
E-Mail: wotan.apo.mannheim@pharma-online.de
www.wotanapotheke.de

VINO NÒBILE
Weine & Delikates

***Weine***

***Olivenöle***

***Delikatessen***

**Ostendorfs Hof 26; 33775 Versmold**

**Fon: 05423/930267**
**Fax: 05423/930266**

**Email: info@vino-nobile.de**
**www.vino-nobile.de**

ausgewählte olivenöle und spezialitäten der spitzenklasse unter **www.viani.de**

**sowie die olivenöle aus diesem buch:** château virant, nicolas alziari, ravidà, casa agricola roboredo madeira (carm). bezugsquellenanfragen an info@viani.de

specialità
viani

# Danksagung


Die italienischen Rezepte wurden uns freundlicherweise vom Gut La Tenuta La Novella (Italien) zur Verfügung gestellt.
Für die provenzalischen Rezepte danke ich der Association des Mouliniers de la Vallée des Baux-de-Provence und dem Restaurant de la Vallée in Maussane-les-Alpilles.
Die korsischen Rezepte wurden uns großzügig von Ange Cananzi und Jean-Luc Debœuf überlassen. Die beiden Küchenchefs geben ihr Wissen in der Vereinigung Cucina Corsa weiter, in der sich korsische Küchenchefs zusammengefunden haben, um die kulinarischen Traditionen ihrer Insel zu bewahren und sie auf eine zeitgenössische Weise zu präsentieren.
Das Rezept für den spanischen Orangensalat stammt von den Brüdern Núñez de Prado.
Die Tapas mit Olivenöl (Seite 127) sind eine Kreation von Rafa Morales, dem Küchenchef der Hacienda Benazuza (Sanalucar La Mayor, Spanien).
Für die portugiesischen Rezepte schließlich danke ich Mauricette Mordant (Quinta do Covento).

Für einige zusätzliche Abbildungen möchten wir uns bedanken:
bei der Ölmühle Alziari (Nizza, Frankreich) (Abb. Seite 117); bei Jocelyne Sibuet und der Villa Marie (Ramatuelle/Saint-Tropez, Frankreich) für ihre aromatisierten Öle (Abb. Seite 149); beim Gut Tenuta La Badiola (Castiglione della Pescaia, Italien) und Alain Ducasse (Abb. Seite 174).

Für ihre freundliche Unterstützung danken wir folgenden Institutionen und Personen:
Ambassade de Grèce (Paris, Frankreich)
Association des Mouliniers de la Vallée des Baux-de-Provence (Mouriès, Frankreich)
Association Interprofessionnelle de l'olive (Paris, Frankreich)
Centre d'information de l'huile d'olive (Neuilly-sur-Seine, Frankreich)
Comité pour l'expansion de l'huile d'olive (Paris, Frankreich)
Délégation commerciale d'Italie (Paris, Frankreich)
Fédération des industries condimentaires de France (Paris, Frankreich)
Industrie- und Handelskammer der Toskana (Florenz, Italien)
Institut du commerce et du tourisme du Portugal (Paris, Frankreich)
Institut du monde de l'olivier (Nyons, Frankreich)
Institut économique et commercial de l'ambassade d'Espagne (Paris, Frankreich)
Universität von Córdoba (Córdoba, Spanien)
Elvira Masson
Jean-Marc Baldassari, France-Anne Bigourdan, Marie-Claire Blanckaert, Françoise Bouchet, Michel Budaï, Laurence Fauchet, Ange Canazi, Alain Costa, Jeanine Coureau, Jean-Luc Debœuf, Martine Descamps, Monique Duveau, David Hairion, Florence Hernandez, Erwann de Kerros, Manuel Maïa, Géraldine Marciano, Thierry Meunier, Mauricette Mordant, Yves Mousset, Henri Noirot, Thérèse Rocher, Éric Solal.

Schließlich gilt unser Dank auch:
dem Labor Central Color für die qualitativ hochwertige Arbeit ihres Teams sowie dem Verlagslektorat von Aubanel (Agnès Busière und Anne Serroy) für ihre Begeisterung und Aufgeschlossenheit.